ADAC

Thüringen

von Bärbel Rechenbach

W0372382

10 **ADAC Top Tipps**

Das müssen Sie gesehen haben! Die zehn Top Tipps bringen Sie zu den absoluten Highlights.

25 **ADAC Empfehlungen**

Unterwegs gut beraten: Diese 25 ausgesuchten Empfehlungen machen Ihren Urlaub perfekt.

Preise für ein DZ mit Frühstück:

€ | bis 100 €
€€ | bis 150 €
€€€ | ab 150 €

Preise für ein Hauptgericht:

€ | bis 15 €
€€ | bis 20 €
€€€ | ab 20 €

3-mal draußen

1 Für Feininger-Fans

Lyonel Feininger (1871–1956) war vom Weimarer Bauhaus fasziniert. Aus New York kommend, begeisterten den Künstler auch die Dörfer und Kirchen ringsum, die er per Rad besuchte und dann malte. Ein 30 km langer Rundweg führt heute entlang gläserner Aufsteller direkt zu den Lieblingsmotiven des weltberühmten Meisters. Von der Bauhaus-Universität Weimar geht es zuerst zur Kirche nach Gelmeroda, die von Donnerstag bis Sonntag in Feiningers Farben angestrahlt wird. Der weitere Weg durch Dörfer des Mittleren Ilmtals bis nach Weimar (siehe S. 30) zurück ist ein Natur- und Architekturerlebnis.

■ www.outdooractive.com

2 Auf Sprotte-Tour

Wer gern über Hängebrücken balanciert, Eisvögel beobachtet oder den Flößersprung trainiert sowie geheime Botschaften über den Nöbdenitzer Teich sendet, wandert auf dem Sprotte-Erlebnispfad im Altenburger Land. Die 13 Stationen der neun Kilometer langen Strecke zwischen Posterstein und Schmölln werden garantiert zu einem wasserreichen Familienabenteuer. Auch Radfahrer und Rollstuhlfahrer haben auf dem asphaltierten Weg ihren Spaß. Und mit ein wenig Glück grüßt einen sogar die Schmöllner »Knopfprinzessin«. Der nahe Kneipp-Pfad lässt sich bequem barfuß erkunden.

■ www.burg-posterstein.de

3 Cowboyfeeling in der Rhön

Das Glück der Rhön liegt auf den Rücken der Pferde. Die herrliche Landschaft gibt es her. Reiterhöfe en gros. Wanderreiten ist gefragt. Auch in Bernshausen im Wartburgkreis. Hier sorgt die Stockborn Ranch für einen unvergesslichen Familien-Reiturlaub. Fortgeschrittene wie Anfänger bekommen hier ihre Chance. Im Westernstil auf Morgan Horses, Quarter Horses und anderen Freizeitpferden geht's stressfrei durchs weitverzweigte Reitwegenetz des UNESCO-Biosphärenreservats. Die Ausritte sind allerdings erst für Kinder ab zwölf Jahren geeignet. Kleinere Kinder können in der Zeit Reitstunden nehmen.

■ www.wanderreiten-in-der-rhoen.de

Intro

ADAC Quickfinder

Hier finden Sie die Orte, Sehenswürdigkeiten und Attraktionen, die perfekt zu Ihnen passen.

Unterwegs

Zu diesen Orten und Sehenswürdigkeiten finden Sie Detailkarten im Innenteil des Reiseführers.

Service

Alle wichtigen reisepraktischen Informationen – von der Anreise über Notrufnummern bis hin zu den Zollbestimmungen.

Umschlag:

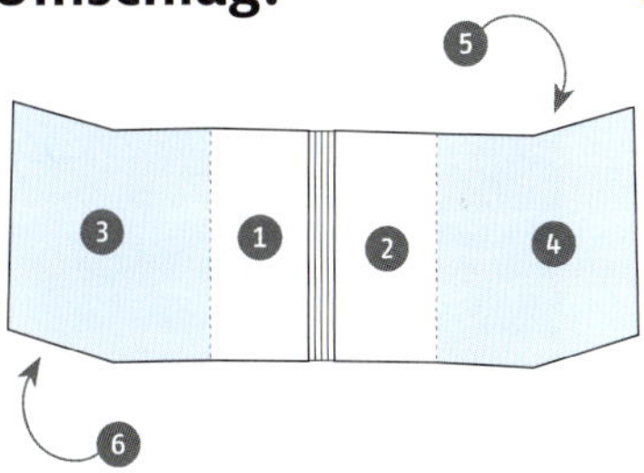

ADAC Top Tipps: Vordere Umschlagklappe, innen 1
ADAC Empfehlungen: Hintere Umschlagklappe, innen 2

Übersichtskarte Thüringen West: Vordere Umschlagklappe, innen 3
Übersichtskarte Thüringen Ost: Hintere Umschlagklappe, innen 4
Stadtplan Erfurt: Hintere Umschlagklappe, außen 5
Ein Tag in Erfurt: Vordere Umschlagklappe, außen 6

Mehr als Goethe, Bach und Bauhaus

Ob Groß oder Klein – Thüringen begeistert Naturfreunde, Kultur- und Geschichtsliebhaber sowie Sportfreaks gleichermaßen

Wanderer und Mountainbiker zieht es hinaus in die Natur des Thüringer Waldes

Der eher kleine Freistaat Thüringen hat sich zu Recht den Ruf als »Land der großen Dichter und Denker« erobert. Denn hochgescheite Männer wie Johann Wolfgang von Goethe, Friedrich Schiller, Johann Gottfried von Herder, Johann Sebastian Bach, Christoph Martin Wieland oder Walter Gropius erklärten die grüne Mitte Deutschlands zu ihrem Lebens- und Arbeitsort.

Kein Ziel ist weit

Hochkultur und herrliche Natur, mittelalterliche Schlösser und Avantgarde, uralte Traditionen und politischer Zeitgeist, Mundarten und herzliche Gastfreundschaft – dies alles macht die unnachahmliche Stimmung Thüringens aus. Kein Ziel ist hier weit. Alles Sehenswerte lässt sich auf neuen, schnellen Autobahnen ebenso erreichen wie auf modernen Bundesstra-

ßen, zu Fuß, per Rad oder per Kanu auf Saale, Werra und Unstrut.
Morgens durch den Thüringer Wald wandern oder radeln, mittags in Erfurt bummeln, nachmittags durch die Fachwerkstadt Schmalkalden streifen oder auf Schloss Heidecksburg in vergangenen Zeiten wandeln, abends im Jenaer »Fuchsturm« die zünftigen Thüringer

Klöße und danach die kulturellen Highlights im Nationaltheater Weimar genießen – all das ist möglich.
Die anmutige Landschaft Thüringens inspiriert. Schon Goethe unternahm ausgedehnte Wanderungen von Weimar zum Schloss »hinter den Bergen« nach Großkochberg, um dort seine Freundin Charlotte von Stein zu treffen. Heute folgt der »Goethewanderweg« seinen Spuren südlich von Weimar durch Wälder und Wiesen. Er gehört zu 16 000 km sehr gut ausgebauten Thüringer Wanderrouten, darunter sind 22 vorbildlich markierte Prädikatswege. Zudem ist das 1700 km lange Radwegenetz (inklusive 28 Bahnradwegen) perfekt ausgebaut. Allein der viel besungene Rennsteigweg führt über 170 km auf dem Höhenkamm des Thüringer Waldes entlang. Die Flüsse Saale, Unstrut und Werra sowie die Talsperren der Saalekaskade eignen sich ideal für kurze oder auch ausgedehnte Paddeltouren. Viele eigens errichtete Aus- und Einstiegsstellen erleichtern das Umtragen über die Wehre. Wer kein eigenes Boot besitzt,

Der Altmarkt in Schmalkalden (unten) – Lutherzimmer in der Wartburg über Eisenach (ganz unten)

kann sich vielerorts ein Kanu/Schlauchboot mieten.
Wer wie Kinder das ultimative Abenteuer sucht, kommt im 2000 m² großen Labyrinthehaus in Altenburg oder auf dem herrlichen Baumkronenpfad des Nationalpark Hainich auf seine Kosten. Genauso wie über der Erde fasziniert Thüringen auch darunter. Die Höhlenwände der Feengrotten bei Saalfeld bezirzen sofort.
Ganz anders empfängt den Reisenden der 763 km lange Abschnitt des »Grünen Bandes«. An der einstigen innerdeutschen Grenze entwickelte sich im Schatten des Todesstreifens ein wertvolles Biotopverbundsystem. Seit 2018 ist es Nationales Naturmonument Thüringens.

Architekturmix und Poesie

Die drei schönsten Städte Thüringens liegen im Thüringer Becken: Erfurt, Weimar und Gotha. Die schmucken Fachwerkhäuser der Erfurter Krämerbrücke inspirieren genauso wie die imposanten Sakralbauten des Dombergs oder der futuristische Neubau »Haus zur Rose« in der nahe gelegenen Pergamentergasse. Hinzu kommt ringsum der Zauber märchenhafter Schlösser und Burgen über den Flüssen Werra, Saale und Unstrut.

Weimar – die »Grande Dame«

In Weimar trifft man, wo man geht und steht, auf das geistige und künstlerische Erbe des befreundeten, genialen »Viergestirns« Goethe, Wieland, Herder und Schiller. Ein Muss für Weimarbesucher sollte deshalb der Besuch des Goethe-Nationalmuseums, des Schillerhauses, des Herder Wohnhauses und des Wielandgutes im nahe gelegenen Oßmannstedt sein. Der Park an der Ilm mit Goethes Gartenhaus, die wiederhergerichtete Herzogin Anna Amalia Bib-

Die Bleilochtalsperre, Teil der Saalekaskade, ist Deutschlands größter Stausee

liothek mit prachtvollem Rokokosaal, das Schloss Belvedere – Weimar ist mehr als eine Tagesreise wert. Auch kommen Anhänger der Bauhaus-Schule im neuen Museum zu ihrem Recht.

»*Das ist das Angenehme auf Reisen, dass auch das Gewöhnliche durch Neuheit und Überraschung das Ansehen eines Abenteuers gewinnt.*«

Johann Wolfgang von Goethe (1749–1832), deutscher Dichter

Aufschwung der Städte

Einträchtiger Handel mit Porzellan und dem Blaufärbemittel Waid ließen Thüringen schon im Mittelalter erblühen. Ihrem einstigen dicken Geldbeutel verdankt Erfurt ihre Universität (1397), die heute den Namen Martin Luthers trägt. Die Universität Jena spricht ebenfalls Bände. Wo um 1800 der Philosoph Johann Gottlieb Fichte und der Dichter Friedrich Schiller lehrten, wird heute hochkarätig und zukunftsträchtig geforscht. Der JenTower, mit 159 m das höchste Gebäude Thüringens, symbolisiert den Aufschwung der Stadt als wissenschaftliches Zentrum der Optik und Feinmechanik-Industrie.

Thüringer Lebensart

Thüringer lieben es, gemeinsam mit Gästen zu feiern. Bei Thüringer Rostbratwürsten, Zwiebelsuppe oder Kirmeskuchen kommt man auf den Geschmack der Thüringer Gastfreundschaft – auf dem Weimarer Zwiebelmarkt, dem Wollmarkt in Arnstadt, dem Töpfermarkt in Bürgel und dem Rolandsfest in Nordhausen.

Landeshauptstadt *Erfurt*

Fläche *16 172 km², d. h. ca. 5 % Deutschlands*

Einwohner *2,12 Mio., etwa 2,6 % der deutschen Bevölkerung*

Tourismus *2,3 Mio. Gäste pro Jahr (gravierender Rückgang durch Corona)*

Religion *72,5 % bekenntnislos, 20 % ev., 5 % röm.-kath.*

Name *Der Geschichtsschreiber Tacitus traf vor 2000 Jahren auf die Hermunduren und Angeln und nannte sie Söhne Thors, weil sie den Donnergott Thor verehrten. Ihr Land nannte er Thoringia.*

Berühmte Thüringer *Johann Sebastian Bach, geb.1685 in Eisenach, Komponist, Carl Zeiss, geb. 1816 in Weimar, Feinmechaniker und Naturwissenschaftler*

Das lieben alle Thüringer *Thüringer Rostbratwürste, Thüringer Klöße und Mutzbraten*

Erfindungen *Glas und optische Geräte aus Jena – der Kindergarten von Friedrich Fröbel 1840 in Bad Blankenburg .*

Oft gehörte Redewendung *»Du denksd wo au ech komm off dar worschdsubbm daher geschwomm?« (Du denkst wohl, ich komme auf der Wurstsuppe daher geschwommen? – Hältst du mich für dumm?)*

Das will ich erleben

Thüringen verändert sich zusehends: Es macht Spaß, die vielen ideenreichen (jungen) Leute zu treffen, die in alte Burgen, Schlösser und andere mittelalterliche Gemäuer eingezogen sind, um daraus topsanierte Sehenswürdigkeiten zu machen. An Kinder ist dabei immer gedacht, ob im Freizeitpark Stausee-Hohenfelden, im Altenburger Labyrinth oder im Naturbad Kaimberg bei Gera. Pop-up-Kneipen und Szenecafés kann man in vielen mittelalterlichen Stätten ebenso genießen wie urige Ratskeller. Auch fast vergessene Feste, Märkte oder Spiele leben wieder auf.

Kaiser, Landgrafen und Reformation

Thüringen hat eine über 1000-jährige Historie. In Burgen wie der Wartburg, den Drei Gleichen bei Gotha oder im Barbarossa-Schloss Altenburg erfährt man mehr über einstige Kaiser, Landgrafen, Herzöge und Luther. Sie prägten nicht nur die Thüringer Geschichte und Kultur, sondern auch die Landschaft. Vieles blieb bis heute erhalten, ob als Burgberg oder Schlossplatz.

Aufgeklärter Adel und geniale Denker

Thüringen bietet frische Luft und Natur. Das beflügelte den Adel nicht nur zum Bau prächtiger Schlösser und Güter wie in Weimar oder Gotha. Sein Freigeist bewegte auch geniale Köpfe wie Goethe oder Schiller dazu, in der Region zu leben. Thüringen wurde ihre Arbeitsstätte. Hier entwickelten sie ihre klugen Ideen und schufen wichtige Werke für die Nachwelt.

Kunstschätze in Hülle und Fülle

Thüringen hat viele wertvolle Kunstschätze. Wer sie bewundern möchte, sollte sich die »Gloriosa« im Erfurter Dom anhören – die größte freischwingende Glocke der Welt –, die Kunstsammlung in Jena oder das Residenzschloss Heidecksburg besuchen, von dem man auch einen herrlichen Ausblick über Rudolstadt hat.

Komponisten, Maler und Architekten

Weltbekannte Künstler wie J. S. Bach, Lucas Cranach d. Ä., Henry van de Velde oder Walter Gropius hatten ihre Wirkungsstätten in Thüringen – in Eisenach, Arnstadt oder Weimar. Museen, Kirchen, Werkstätten oder markante Bauten zeugen von der Vielfalt der Künstler und begeistern bis in die heutige Zeit.

Alles fürs leibliche Wohl

Die lokale Küche reicht von deftig bis leicht. Dazu passt Schwarzbier, z. B. das spezielle Köstritzer. Die legendären Thüringer Bratwürste schmecken am besten beim Imbiss Haase in Magdala, nahe der A9. Thüringer Klöße sollte man in Arnstadt probieren.

Wälder, Berge und viel Wasser

Thüringen ist wald- und wasserreich. Daher lädt das Klima sommers wie winters zum Wandern auf dem Rennsteig ein, zum Besteigen des Großen Inselsbergs bei Brotterode, zur Kanufahrt auf der Werra oder zum Paddeln auf dem Bleilochstausee.

Wunder unter der Erde

Wer in fremde Welten eintauchen und Natürschätze bewundern möchte, muss sich unter die Erde begeben. Ins Erlebnisbergwerk Sondershausen zum Beispiel, in die Tropfsteinhöhle Barbarossa oder in die Marienglashöhle Friedrichroda. Sie zeigen grandiose Tropfsteine, zauberhafte Kristalle und den alten »Rotbart«.

Mittelalterliches Markttreiben

Auf den beliebten mittelalterlichen Märkte werden lokale Produkte wie eh und je unter die Leute gebracht. Besonders stimmungsvoll sind diese drei: der Töpfermarkt in Bürgel, der Wollmarkt in Arnstadt und der Zwiebelmarkt in Weimar – allesamt Volksfeste, zu denen Besucher aus der ganzen Welt anreisen.

Entspannende Thermen und Parks

Thüringen entspannt und macht gesund. Die Friederiken Therme in Bad Langensalza, der Salinepark in Artern und der Kristall Sauna-Wellnesspark in Bad Klosterlausnitz sorgen für erholsame Stunden – allein, zu zweit oder mit der Familie. Wellness, Aquasport, Entspannung und Spaß machen den Urlaub zum unvergesslichen Erlebnis.

35

Museen und technische Denkmale

Thüringen ist Museumsland. Das Monumentalgemälde über den Bauernkrieg im Panorama Museum in Bad Frankenhausen sollte man gesehen haben. Auch das Spielzeugmuseum in Sonneberg oder das Zeiss-Planetarium in Jena sind unbedingt einen Besuch wert.

33

Erstklassige Theater

Thüringen hat eine lange Theatertradition. Wie diese fortgeschrieben wird, kann man am Meininger Staatstheater erleben, beim Ekhof-Festival in Gotha oder am Nationaltheater Weimar. Hochkarätige Schauspieler agieren hier wie dort in unverwechselbarem Ambiente.

8

Unterwegs

Im 19. Jh. wurde die Wartburg über Eisenach im historisierenden Stil restauriert, die heilige Elisabeth und Martin Luther fanden einst hier Unterschlupf, und auch Goethe besuchte sie mehrfach.

Thüringer Becken

Traditionsreiche Städte an der Via Regia, der ältesten und längsten Landverbindung zwischen Ost- und Westeuropa

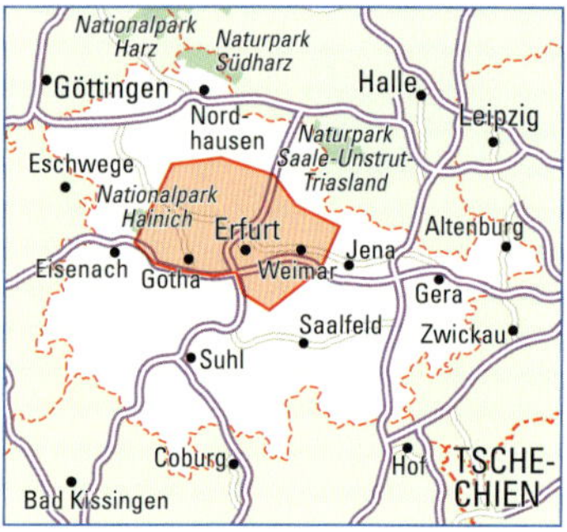

Historische Kulturlandschaften, weite, fruchtbare Auen, kleine Seen und Flussläufe faszinieren zwischen Hainleite, Schmücke, Finne und Dün. Mittendrin die Unstrut als größter Fluss der Region. Höchster Punkt ist der Große Ettersberg mit 481,6 m. Quer durchs Becken führt die alte Handelsroute Via Regia, die schon früh Handel, Wandel und damit Bildung in die Region brachte. Hier haben sich die Residenzstadt Gotha, die Landeshauptstadt Erfurt und Weimar, das als Klassisches Ensemble seit dem Jahr 1998 UNESCO-Weltkulturerbe ist, angesiedelt. Heute gehören sie zu den bedeutungsvollsten und schönsten Städten Thüringens.

In diesem Kapitel:

ADAC Top Tipps:

1 Domberg mit St. Marien, Erfurt

| Dom |

Im größten Sakralbau Thüringens hängt hoch oben im Turm die »Gloriosa«. Sie wiegt 11,45 t und ist die größte freischwingende mittelalterliche Glocke der Welt. 22

2 Goethe Nationalmuseum mit Goethes Wohnhaus, Weimar

| Museum |

Dieses historische Haus am Frauenplan umfasst Teile der kunst- und naturwissenschaftlichen Sammlungen des deutschen Nationaldichters und Genius, Johann Wolfgang von Goethe, sowie seine Privatbibliothek. 33

3 Herzogin Anna Amalia Bibliothek, Weimar

| Bibliothek |

Das Gebäude mit der weltbekannten Forschungsbibliothek für Literatur- und Kulturgeschichte und dem berühmten Rokokosaal gehört seit 1998 zum UNESCO-Weltkulturerbe. 34

ADAC Empfehlungen:

1 Einkaufsstraße Am Anger, Erfurt
| Einkaufsmeile |
Die Altstadt Erfurts ermöglicht entspanntes Shoppingvergnügen im historischen Ambiente. 26

2 Neues Bauhaus-Museum, Weimar
| Museum |
13 000 Exponate der bedeutendsten Kunstschule des 20. Jh. sind im Bauhaus-Museum ausgestellt. 32

3 Schillers Wohnhaus und Schiller-Museum, Weimar
| Museum |
Einer der wenigen Museumsneubauten der DDR. Im Komplex ist das historische Schillerhaus integriert. 32

4 Café Frauentor, Weimar
| Café |
Leckere Thüringer Kuchen, feine Torten, köstlicher Kaffee und Kakao schmecken drinnen wie draußen. Auch die Speisekarte überzeugt. 35

5 Historische Mühle Eberstedt
| Hotel |
Eine Erlebnisinsel mit historischer Ölmühle, frischen Forellen und schwimmenden Häusern erwartet Besucher direkt am Ilmtal-Radweg. 49

6 Schloss Beichlingen, bei Kölleda
| Hotel |
Das 1000-jährige Schloss der einstigen Grafen von Werther ist ein architektonisches Kleinod. Das Gräfinnenzimmer wartet auf seine Gäste. 49

1 Erfurt

Charme einer mittelalterlichen Blumenstadt

Die Krämerbrücke mit ihren Fachwerkhäusern überspannt einen Seitenarm der Gera

Information

- Touristinformation Erfurt, Benediktsplatz 1, 99084 Erfurt, Tel. 0361/66400, www.erfurt-tourismus.de, Mo–Sa 10–18, So 10–15 Uhr
- Parken siehe S. 24

Im über 1270 Jahre alten Erfurt pulsiert junges Leben. Obwohl der Freistaat schrumpft, bleibt die Stadt dank Zuzug junger Leute gleich stark bei etwa 214000 Einwohnern.

Im Mittelalter wuchs Erfurt an der Handelsstraße Via Regia zu einer wichtigen Handelsmetropole, die 1392 ihren Universitätsbau sogar selbst finanzieren konnte. Denn das begehrte Färbemittel Waid hatte Erfurt reich gemacht. Viele Klöster und Kirchen brachten der Stadt den Beinamen »Thüringisches Rom« ein. Persönlichkeiten wie Luther, Ries, Goethe, Schiller, Herder, Wieland, Bach oder Humboldt prägten das geistige Leben der Stadt. Erfurt ist reich an Goethespuren: In der Thüringer Staatskanzlei traf er sich 1808 mit Franzosenkaiser Napoleon. Im »Haus Vaterland« lagen seine Amtsstuben, und bei Familie Dacheröden weilte er häufig als Gast.

Nach der Reichsgründung 1871 positionierte sich Erfurt als Standort des Maschinenbaus, die Stadt expandierte

Plan
S. 20/21

wirtschaftlich wie räumlich und wurde zum Mittelpunkt der Region. Zu DDR-Zeiten dominierte hier die Mikroelektronik. Seit dem Jahr 1991 ist Erfurt die Landeshauptstadt des neuen Freistaates Thüringen.

Altstadt links des Flusses Gera

Die Geschichte Erfurts zeigt sich ganz dicht (fast) auf einem Fleck

Ein Rundgang entlang der Bauwerke links des Flusses Gera gleicht einem spannenden Ausflug durchs Mittelalter und führt bis in die Neuzeit der Stadt, auch in die unrühmliche.

Sehenswert

1 Petersberg und Zitadelle

| Aussichtspunkt |

Mittelpunkt der etwa 231 m hohen Erhebung im Zentrum bildet die Zitadelle. Sie ist die einzige weitestgehend erhaltene barocke Stadtfestung Mitteleuropas auf dem Gelände eines früheren Benediktinerklosters. Sternenförmig angelegt, galt sie als uneinnehmbar. Von hier aus hat man den schönsten Blick über Erfurt. Die geheimen Horchgänge können auf der Funzelführung besichtigt werden (nicht geeignet für Kleinkinder). ■ Funzelführung (1,5 Std.) April–Dez. tgl. 17.30 Uhr, Führung durch die Horchgänge tgl. 11 und 15 Uhr, 12 €, erm. 7 €, nicht barrierefrei

2 Klosterkirche St. Peter und Paul

| Architektur |

Das ehemalige Benediktinerkloster ist eine der frühesten und bedeutendsten romanischen Kirchenbauten Thüringens. Ihre romanische Pfeilerbasilika (erbaut 1103–1147) ist nur von außen zu bestaunen.

■ Mitte April–Okt., Di–So 10–18 Uhr, 8 €, erm. 4 €, ab 17 Uhr 4 €, Kombiticket Peterskirche und Kommandantenhaus 12 €

3 Stasi-Informations- und Dokumentationszentrum

| Ausstellung |

Wie der DDR-Staatssicherheitsdienst im Bezirk Erfurt, die »Sicherung« der BRD-Staatsgrenze und die Überwachung der Transitstrecke zwischen Bundesrepublik und West-Berlin abliefen, ist hier dokumentiert. Seit Eröffnung des Zentrums

Erfurt
Gr. Ackerhofsgasse
Andreasstraße
Moritzstraße
Venedig
Weid
Glockengasse
Glockenquerg.
Moritzhof
Andreaskirche
Webergasse
Theater im Pa
Georgsturm
Marbacher Gasse
Stasi-Informations- und Dokumentationszentrum 3
Weiße Gasse
2 Klosterkirche St. Peter und Paul
Pergamentergasse
Turniergasse
Zitadelle Petersberg 1
Forum Konkrete Kunst
Gedenk- und Bildungsstätte Andreasstraße
Bechtheimer Str.
Allerheiligenkirche
Marktstr.
Gr. Arche
Militärhistorische Sammlung
Minervabrunnen
Mettengasse
Petrinistraße
Bonifatiusturm
Obelisk
Kabarett Die Arche
6 Domplatz
Severihof
Naturkundemuseum 7
Peterstraße
Kettenstr.
Stunzeng.
St. Severi 5
M.-Welsch-Str.
Gera
Koenbergkstraße
1
4 Mariendom
Domstr.
An den Grade
Lange
Mainzerhofpl.
Stiftsgasse
Puppenstubenmuseum
Str.
Bisch. Ordinariat
Brunnenkirche
Fischersand
Holzheienstr.
Herrmannsplatz
Brühler
Egapark Erfurt mit Cyriaksburg (2 km) 24
Brühler Garten
Herrmannsbrunnen
Farbengasse
Schauspielhaus
Lilienstraße
Melanchtonstr.
Regierungsstr.
Klostergang
0
125 m
Lutherstr.
a
b
c
1
2
3
4
5

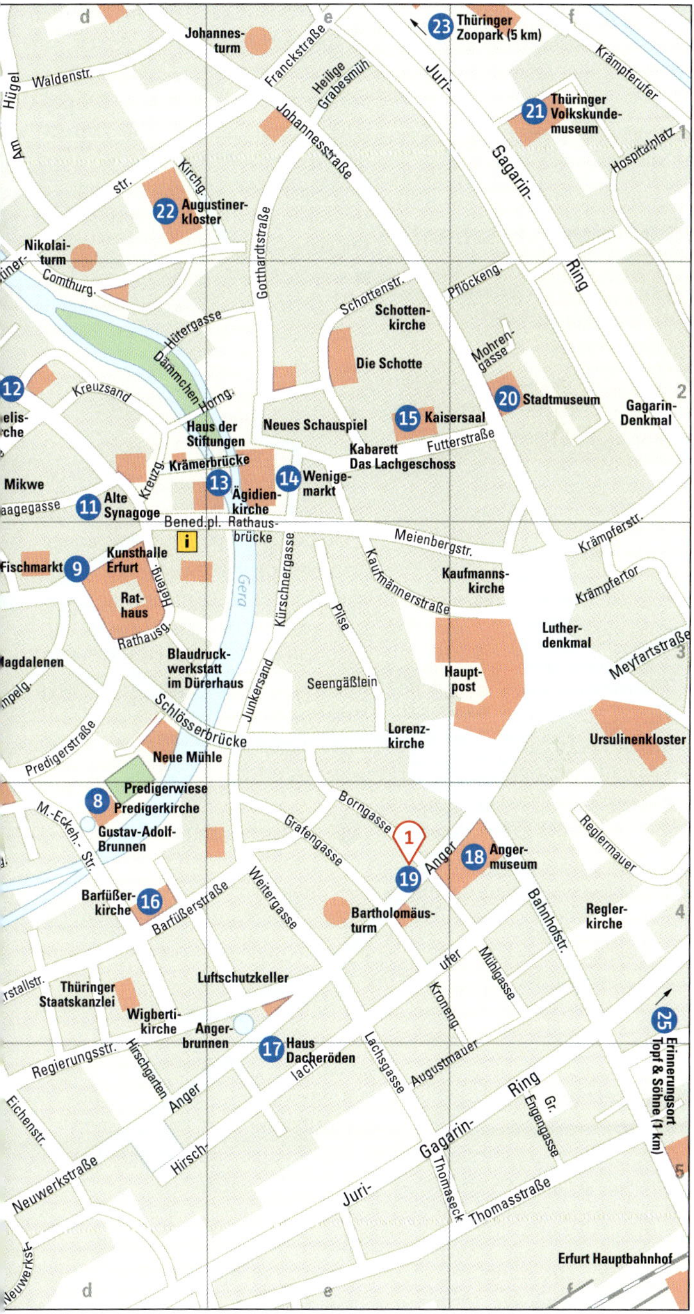
Johannes-
turm
23 Thüringer
Zoopark (5 km)
21 Thüringer
Volkskunde-
museum
22 Augustiner-
kloster
Nikolai-
turm
Schotten-
kirche
Die Schotte
20 Stadtmuseum
Gagarin-
Denkmal
12
Haus der
Stiftungen
Neues Schauspiel
15 Kaisersaal
Kabarett
Das Lachgeschoss
Krämerbrücke
Mikwe
13
Ägidien-
kirche
14 Wenige-
markt
11 Alte
Synagoge
Fischmarkt
9 Kunsthalle
Erfurt
Rat-
haus
Kaufmanns-
kirche
Luther-
denkmal
Blaudruck-
werkstatt
im Dürerhaus
Haupt-
post
Seengäßlein
Lorenz-
kirche
Ursulinenkloster
Neue Mühle
Predigerwiese
8 Predigerkirche
Gustav-Adolf-
Brunnen
1
19
18 Anger-
museum
Barfüßer-
kirche 16
Bartholomäus-
turm
Regler-
kirche
Luftschutzkeller
Thüringer
Staatskanzlei
Wigberti-
kirche
Anger-
brunnen
17 Haus
Dacheröden
25 Erinnerungsort
Topf & Söhne (1 km)
Erfurt Hauptbahnhof
Waldenstr.
Am Hügel
Kirchg.
Franckstraße
Heilige Grabesmühl
Johannesstraße
Juri-
Gagarin-
Ring
Krämpferufer
Hospitalplatz
Gotthardtstraße
Comthurg.
Schottenstr.
Pflöckeng.
Mohren-
gasse
D. Hütergasse
Dämmchen
Horng.
Kreuzsand
Futterstraße
Kreuzg.
Bened.pl.
Rathaus-
brücke
Meienbergstr.
Krämpferstr.
Krämpfertor
Kaufmännerstraße
Kürschnergasse
Pilse
Gera
Rathausg.
Meyfartstraße
Junkersand
Schlösserbrücke
Predigerstraße
M.-Eckeh.-Str.
Borngasse
Grafengasse
Anger
Reglermauer
Barfüßerstraße
Weitergasse
Bahnhofstr.
ufer
Mühlgasse
Kroneng.
Regierungsstr.
Hirschgarten
Lachsgasse
Augustmauer
Ring
Gr. Engengasse
Anger
Eichenstr.
Neuwerkstraße
Hirsch-
Juri-
Gagarin-
Thomaseck
Thomasstraße
Neuwerkstr.
d
e
f
1
2
3
4
5

1996 informierten sich Tausende Menschen über die geschichtliche Entwicklung, Struktur und Arbeitsweise des Staatssicherheitsdienstes.

■ Petersberg Haus 19, www.bstu.bund.de, tgl. 9–18 Uhr, Eintritt frei

ADAC Wussten Sie schon?

»Puffbohne« ist die Ehrenbezeichnung für geborene Erfurter.
Der Name Puffbohne soll auf das »Auspuffen« der Kornschale beim Kochen herrühren und auf die Bohnenanbaustadt Erfurt.

4 Domberg mit St. Marien

| Dom |

1 *Der größte Sakralbau Thüringens mit der »Gloriosa«*

Besonders beeindrucken die prachtvollen Triangelportale als Haupteingang an der Nordseite und die einzigartige Fenster-Glasmalerei. Hoch oben im mittleren Turm des Erfurter Doms hängt die im Jahr 1497 gegossene »Gloriosa«, die größte freischwingende und klangschönste mittelalterliche Glocke der Welt. Sie läutet nur achtmal jährlich.

■ Siehe Läuteordnung www.dom-erfurt.de, Mo–Sa 9.30–12 und 13–17, So/Feiertag 13–17 Uhr, keine Führungen zur »Gloriosa« in den Wintermonaten

5 St. Severi Kirche

| Kirche |

1154 als dreischiffige romanische Basilika erbaut, wurde die St. Severi Kirche im 15. Jh. in eine gotische fünfschiffige Halle umgewandelt. Die markante Dreiturmfassade sticht hervor. Ein Sandsteinsarkophag für die Reliquien des hl. Severus aus dem Jahr 1365, der es vom Tuchmacher zum Bischof von Ravenna schaffte, gehört zu ihren Schätzen. Ebenso die Altäre, der gotische Taufstein und das Alabasterrelief des Erzengels Michael. Beachtenswert sind auch die Portalfiguren, die Erfurter Madonna, das Chorgestühl und Cranachs »Verlobung«.

■ Severihof 2, www.severi-erfurt.de, Mai–Okt. Mo–Sa 9.30–18, So 13–18, Nov.–April Mo–Sa 9.30–17, So 13–17 Uhr, Führung 4,50, erm. 3 €

6 Domplatz

| Platzgefüge |

Auf dem weiten Domplatz am Fuße des Dombergs fällt das prächtige, grün-weiße Haus mit geschwungenem Renaissancegiebel und Prunk-Portal auf – das Gasthaus Hofbräu am Dom (einst Zur Hohen Lilie, Nr. 31). Gäste der einstigen Herberge von 1341 waren auch Martin Luther und Philipp Melanchthon.

■ Domplatz 31, www.hofbraeu-am-dom.de, Mo–Fr 11–23, Sa 10–23 Uhr

7 Naturkundemuseum

| Museum |

Hier dreht sich alles um die Fauna, Flora und Mineralien Thüringens. Das Museum in einem historischen Waidspeicher reicht über vier Ausstellungsetagen und wird von einer 14 m hohen Eiche durchragt. Im Keller weist die schwankende Arche Noah auf die weltweite Bedrohung der Artenvielfalt hin. Seit 2016 existiert ein neuer Ausstellungsteil »Naturschätze Thüringens« mit mehr als 500 Präparaten.

■ Große Arche 14, www.naturkundemuseum-erfurt.de, Di–So 10–18 Uhr, 6 €, erm. 4 €, Fam. 13 €

8 Predigerkirche

| Kirche |

Die schlicht gehaltene Bettelordenkirche (1270–1450) ist ein herausragendes Exemplar gotischer Sakralarchitektur. Besonderheit: die doppelte Abtrennung zwischen Hohem Chor und Hauptschiff. Der steinerne Lettner stammt aus dem 15. Jh., die alten Chorschranken aus der Zeit um 1275.

■ Predigerstr. 4, Tel. 03 61/56 22 14, www.predigerkirche.de, Mai–Ende Okt. Di–So 11–16 Uhr, Führungen auf Anfrage

9 Fischmarkt

| Platz |

Er beeindruckt mit seinem neogotischen Rathaus und dem Renaissancehaus Zum Roten Ochsen von 1591. Im Haus Zum Breiten Herd befand sich die Eisenwarenhandlung Walther, in der zum ersten Mal elektrisches Licht in Erfurt brannte. Unweit die Erfurter Kunsthalle mit zeitgenössischer Kunst.

■ Fischmarkt 7, www.kunsthalle-erfurt.de, Di, Mi, Fr–So 11–18, Do 11–22 Uhr, 6 €, erm. 4 €, Fam. 13 €

10 Allerheiligenkirche

| Architektur |

Das gotische Bauwerk (14. Jh.) mit trapezförmigem Grundriss passt genau zwischen zwei Straßen. Besonders zu beachten: eine Pieta (etwa 1390) in einer Nische der Außenwand in der Marktstr. 44. Die Urnenbegräbnisstätte (Kolumbarium) im Nordschiff der Kirche steht Christen ebenso wie Nichtchristen zur Verfügung.

■ Marktstr. 44, www.bistum-erfurt.de

11 Alte Synagoge

| Museum |

Die 900 Jahre alte ehemalige Synagoge ist die älteste erhaltene Europas. Seit 2009 ist sie als Museum eingerichtet, mittelalterliche Sachzeugnisse der jüdischen Gemeinde Erfurts sind nun der

Erfurts Dom St. Marien und die St. Severi Kirche zählen zum UNESCO-Weltkulturerbe

Der Wenigemarkt mit seinen Straßencafés ist einer der schönsten Plätze Erfurts

Öffentlichkeit zugänglich. Grabsteine des zerstörten mittelalterlichen Friedhofs sind im Hof zu sehen. Die Baugeschichte wird im Erdgeschoss dokumentiert. Den berühmten Silberschatz im Keller hatte ein Jude während des Pogroms von 1349 vergraben.

■ Waagegasse 8, www.juedisches-leben.erfurt.de, Di–So 10–18 Uhr, 8 €, erm. 5 €, Fam. 17 €

12 Michaelisstraße

| Architektur |

Sie gilt als die »Steinerne Chronik« der Stadt: Collegium Maius (Nr. 39, original rekonstruiert) auf der Gründungsstätte der Erfurter Universität, nur das spätgotische Kielbogenportal am Eingang überstand den Bombenangriff 1945. Haus zur großen Arche Noah und Engelsburg (Nr. 38, 16. Jh.), wo Druckermeister Melchior Sachse einst Luthers erste Bibelausgabe veröffentlichte. Kirche St. Michaelis (12. Jh.). Haus Zum Schwarzen Horn (Nr. 48), in dem ab 1518 Rechenbücher von Adam Ries erschienen. Zum Güldenen Krönbacken (Nr. 10, 12. Jh.) prächtiges Fachwerk und Reliefschmuck mit Waidspeicher (1468) im Innenhof. Dort finden heute Kulturevents und Ausstellungen zeitgenössischer Kunst statt.

■ www.galerie-waidspeicher.de, Di–So 11–18 Uhr, 4 €, erm. 2,50 €, Fam. 8 €

13 Krämerbrücke

| Architektur |

Die 120 m lange Krämerbrücke entstand 1325 an der Stelle einer Furt. Sie ist die einzige durchgängig bebaute und bewohnte Brücke nördlich der Alpen. Eine Lutherstiege führt zu winzigen Krämerbuden in den 32 Fachwerkhäusern, wo heute Kunsthandwerk, Thüringer Spezialitäten und Antiquitäten verkauft werden. Im Haus der Stiftung: Dauerausstellung über die Geschichte der Krämerbrücke.

■ Haus der Stiftungen, Krämerbrücke 31, www.kraemerbruecke.de, tgl. 10–18 Uhr, Eintritt frei

Verkehrsmittel

Der öffentliche Nahverkehr funktioniert mit den sechs Linien der Straßenbahnen sehr gut. Verkehrsknotenpunkt ist der Anger. ■ 2,30 €, erm. 1,50 €, Tagesticket 5,80 €

Parken

Rund um die Innenstadt Erfurts verteilen sich sieben Parkhäuser mit Parkleitsystem. ■ ca. 2 €/Std., Tageshöchstgebühr ab 13 €

ADAC Mittendrin

Am dritten Juniwochenende herrscht auf der Krämerbrücke Jahrmarkt. Till Eulenspiegel, der einst den Erfurter Professoren vorgegaukelt haben soll, einem Esel das Lesen beigebracht zu haben, eröffnet das **Krämerbrückenfest**.

Restaurants

€€ | Feuerkugel Gasthaus mit Altthüringer Küche. ■ Michaelisstr. 3–4, Tel. 0361/7891256, www.feuerkugel-erfurt.de, tgl. 17–22, Sa, So auch 12–15 Uhr, Plan S. 20/21 d2

€€ | Hofbräu am Dom Einst »Zur Hohen Lilie«, eines der ältesten Gasthäuser Europas. ■ Domplatz 31, Tel. 0361/64431155, www.hofbraeu-am-dom.de, tgl. 11–23 Uhr, Plan S. 20/21 c4

€€ | Kromer's Im Gewölbekeller. ■ Kleine Arche 4, Tel. 0361/64477211, www.kromers-restaurant.de, Di–So ab 17, Sa, So auch 11.30–15 Uhr, Plan S. 20/21 c3

€€ | Double B Schmackhaftes Essen ohne »Schnörkel« zu fairen Preisen. Die Omelettes sind der Hit. ■ Marbacher Gasse 10, Tel. 0361/2115122, www.doubleb-erfurt.de, Mo–Fr 8–1, Sa, So ab 9 Uhr, Plan S. 20/21 c2

Einkaufen

Thüringer Spezialitäten Wein, Bratwürste, Born-Senf und mehr. ■ Krämerbrücke 19, Tel. 0361/3463495, www.thueringer-spezialitaeten.de, Plan S. 20/21 e2

Bühne

Kabarett »Die Arche« Für Liebhaber politischer Satire. ■ Domplatz 18, Tel. 0361/5982924, www.kabarett-diearche.de, Plan S. 20/21 c3

Domstufen-Festspiele Im Sommer inszeniert das Erfurter Theater alljährlich ein neues Stück auf den 70 Domstufen. Seit 2009 gibt es zusätzlich Domino, eine besondere Inszenierung für die kleinen Theaterbesucher. ■ Domstufen am Domplatz, Tel. 0361/2233155, www.domstufen.de, Plan S. 20/21 b4

Altstadt rechts des Flusses Gera

Vielfältige Museen und zwischendurch unzählige Geschäfte

Hier lassen sich historische Erkundungen und ausgedehnte Shoppingtouren gut verbinden.

Sehenswert

14 Wenigemarkt

| Platzgefüge |

Der wohl schönste Markt Erfurts zwischen St. Ägidien und eleganten Bürgerhäusern des 19. Jh. ist mit seinen Straßencafés und Restaurants ein beliebter Treffpunkt. Nordöstlich erinnern die Häuser der Futterstraße mit ihren hohen Durchfahrten an die Zunft der einstigen Thüringer Pferdefütterer.

15 Kaisersaal

| Architektur |

Das klassizistische Gebäude diente ab 1715 als Universitätsballhaus. Hier traf sich auch Franzosenkaiser Napoleon 1808 mit verbündeten Fürsten sowie Zar Alexander zum Erfurter Fürstenkongress. Heute finden im prachtvollen Saal Kulturevents und Bälle statt.

■ Futterstr. 15/16, www.kaisersaalerfurt.de, nur zu Veranstaltungen zugänglich oder mit Führungen unter Tel. 0361/5688202

16 Barfüßerkirche

| Ausstellung |

Der Sakralbau dient als Außenstelle des Angermuseums und stellt die ältesten Erfurter Glasmalereien, die Grabplatte der Cinna von Vargula (1370) und das Epitaph für Margareta von Myla (1494) aus. Bedeutende Werke sind auch der Färberaltar (um 1420) und der Marienkrönungsaltar (1446).

■ Barfüßerstr. 20, www.barfuesserkirche.de, Innenbesichtigung derzeit nicht mögl.

17 Haus Dacheröden

| Architektur |

Goethe, Schiller und Wilhelm von Humboldt gingen in dem weitgehend original erhaltenen Bürgerpalais (16. Jh.) als Gäste der Familie Dacheröden ein und aus. Inzwischen ist er städtisches Veranstaltungs- und Ausstellungszentrum der Stadt. ■ Anger 37, Tel. 0361/64412375, Di–So 10–18 Uhr

Im Blickpunkt

Im Zeichen des Bunten Löwen

Am 3. Oktober 1990 entstand der Freistaat Thüringen aus dem Zusammenschluss der drei DDR-Bezirke Erfurt, Gera und Suhl. Der Begriff Freistaat ist der deutsche Begriff für Republik, die im föderalistischen System auch auf Eigenständigkeit beharrt. Das Thüringer Landeswappen (neu seit 1991) mit einem lasurblauen Schild und golden, bewehrten, gekrönten Bunten Löwen der Ludowinger ist viermal breit rotsilbern gestreift und von acht silbernen Sternen umgeben. Sie stehen für die ehemaligen Kleinstaaten und preußischen Gebiete.

18 Angermuseum

| Museum |

Der barocke Stadtpalast, einst kurmainzischer Pack- und Waagehof, beherbergt die exquisite Kunstsammlung der Stadt. Darunter Gemälde deutscher Künstler des 19. Jh. bis zur Gegenwart, Thüringer Fayencen und internationaler sowie zeitgenössischer Schmuck. Zu sehen sind auch historische Räume, Möbel, Musikinstrumente, Glaskunst, Plastiken und Skulpturen sowie die Grafische Sammlung mit der Schenkung Franke, einer der größten privat zusammengetragenen (in der DDR) Konvolute deutscher und europäischer Grafik des 20. Jh.

■ Anger 18, www.angermuseum.de, Di–So 10–18 Uhr, 6 €, erm. 4 €

19 Am Anger

| Einkaufsmeile |

1 *Flanieren, einkaufen und entspannen auf 0,5 km*

Im Mittelalter exklusiver Handelsplatz für Waidballen, ist er heute die Shoppingmeile im historischen Ambiente. Auf 500 m zwischen Am Anger 1 und Angerbrunnen findet man Restaurants, Cafés und unzählige Geschäfte. Am bekanntesten ist wohl die Einkaufsgalerie Am Anger 1 von 1908. Die Fußgängerzone fängt im Südwesten des Angers an. Thüringische Staatskanzlei, die Kirchen St. Wigberti und St. Lorenz, das Haus Dacheröden (S. 26), das Angermuseum (S. 26), die Kaufmannskirche und das Ursulinenkloster säumen den Weg.

20 Stadtmuseum

| Museum |

Das Bürgerhaus zum Stockfisch erinnert an getrocknete Meeresfische, ein beliebtes Handelsgut im Mittelalter.

ADAC Spartipp

Kinder bis 6 Jahre haben in allen städtischen Museen und Galerien freien Eintritt. Für alle Besucher ist der erste Dienstag im Monat frei. Mit der **ErfurtTravelCard** (19,90 €) gilt freier Eintritt für viele, 10 % auf Veranstaltungen und Nahverkehr frei (für 48 Std.).
www.erfurt-tourismus.de/erfurtcard

Das Haus ließ der Waidhändler Paul Ziegler im Jahr 1607 bauen. Heute lädt es als Museum dazu ein, 30 000 Jahre Stadtgeschichte zu erkunden. Von außen ist die schachbrettartige Erdgeschosswand mit hervorspringenden und zurückstehenden Steinquadern zu bewundern.

■ Johannesstr. 169, www.stadtmuseum-erfurt.de, Di–So 10–18 Uhr, 6 €, erm. 4 €

21 Thüringer Volkskundemuseum

| Museum |

Das Museum in den Gebäuden des ehemaligen Großen Hospitals am Ostrand der Erfurter Altstadt zählt zu den größten volkskundlichen Museen Deutschlands. Ein Abstecher ins Herrenhaus des Hospitals (16. Jh.) lohnt sich immer. Viele Exponate widmen sich dem ländlichen Leben und der religiösen Volkskunst des 19. Jh. In den Schaudepots beherbergen historische Textilien und eine Südseesammlung des einstigen Erfurter Kolonialbeamten Dr. Wilhelm Knappe (1855–1910). Mit Einblicken in 250 Jahre Vergangenheit wartet auch der Jahrhundertschrank auf interessierte Besucher.

■ Juri-Gagarin-Ring 140 a, www.volkskundemuseum-erfurt.de, Di–So 10–18 Uhr, 6 €, erm. 4 €

Das Augustinerkloster beherbergt eine wertvolle und bedeutende Klosterbibliothek

Eine ansprechende Parklandschaft umgibt das spätbarocke Schloss Molsdorf

22 Augustinerkloster

| Kulturdenkmal |

In der 700 Jahre alten Anlage der Augustiner-Eremiten fristete auch Martin Luther 1505–1511 sein Dasein als Mönch. Dem Reformator ist eine umfangreiche Ausstellung gewidmet. Beachtenswert am »Ort der Stille« sind u. a. das Nagelkreuz aus Coventry und die 700 Jahre alten Fenster, die alle aufwendig restauriert wurden und nun wieder in neuem Glanz erstrahlen.

■ Augustinerstr. 10, Tel. 0361/576600, www.augustinerkloster.de, Führungen ohne Ausstellung ganzjährig Mo–Sa 11, 13, 15, April–Okt. auch So 11 und 12, Nov.–März So auch 11 Uhr, 7,50 €, erm. 4 €, Fam. ab 21 €, Erfurt-Card-Nachlass 10 %

Restaurants

€€ | Zum Wenigemarkt 13 Sympathisches Lokal. ■ Wenigemarkt 13, Tel. 0361/6422379, www.wenigemarkt-13.de, tgl. ab 11.30 Uhr, Plan S. 20/21 e2

€€€ | Clara Sterne-Restaurant im Kaisersaal. ■ Futterstr. 15, Tel. 0361/568 8207, www.restaurant-clara.de, Di–Sa ab 18.30 Uhr, Plan S. 20/21 e2

Rund um die Altstadt

Wilde Tiere auf dem Roten Berg und ein riesiges Blumenmeer

Nicht nur im Zentrum Erfurts gibt es viel zu erfahren und zu sehen, sondern auch etwas abseits ist Erfurt einen Abstecher wert.

Sehenswert

23 Thüringer Zoopark

| Zoo |

Ein Zoobesuch garantiert 2278 Tiere auf einem Areal. Einige von ihnen dürfen sogar gestreichelt werden. Abkühlung an heißen Tagen verspricht für Kinder der Wasserspielplatz.

■ Am Zoopark 1, www.zoopark-erfurt.de, März–Okt. tgl. 9–18, Nov.–Feb. bis 16 Uhr, Tageskarte 15 €, erm. 7,50–10 €

24 egapark Erfurt mit Cyriaksburg

| Botanischer Garten |

Die einstige Internationale Gartenausstellung (IGA) sozialistischer Länder steht jetzt als Dauer-Gartenschau unter Denkmalschutz. Hier wächst das größte Blumenbeet Europas. Zentraler Punkt ist das Deutsche Gartenbaumuseum in der Cyriaksburg (1480). Neue Attraktion ist Danakil, das weltweit erste Wüsten- und Urwaldhaus seiner Art mit zwei Klimazonen.

■ Gothaer Str. 38, www.egapark-erfurt.de, tgl. ab 9 Uhr bis Sonnenuntergang; letzter Einlass 18 Uhr, Erw. ab 26 J. 15 €, erm. 17–25 J. 12 €, 7–16 J. 5 €, Fam. 39 €

25 Erinnerungsort Topf & Söhne

| Gedenkstätte |

Topf & Söhne – die Ofenbauer von Auschwitz. Ingenieure von J. A. Topf & Söhne entwickelten im Auftrag der SS Leichenverbrennungsöfen und Lüftungstechnik für die Gaskammern der Nazi-KZ, wohlwissend um die massenhafte Vernichtung von Inhaftierten. Seit 2011 besteht im Verwaltungsgebäude des ehemaligen Firmensitzes ein spezieller Erinnerungsort. Diese Stätte belegt als einzige in Europa die Mittäterschaft der privaten Industrie an der Massenvernichtung in den Nazi-Lagern.

■ Sorbenweg 7, www.topfundsoehne.de, Di–So 10–18 Uhr, Eintritt frei

Bühne

Theater Erfurt Oper, Schauspiel, Musical oder Konzerte in futuristischem Gebäude. Das Theater setzt akustisch wie optisch neue Akzente in der Stadt. ■ Theaterplatz 1, Tel. 0361/2233155, www.theater-erfurt.de, Plan S. 20/21 a4

Kneipen, Bars und Clubs

Musikpark Attraktivste Großraumdiskothek Thüringens inmitten Schloss- und Rittersaalkulissen. ■ Willy-Brandt-Platz 1, Tel. 0361/5504082, www.musikparkerfurt.de, Plan S. 20/21 f5

In der Umgebung

Barockschloss Molsdorf

| Schloss |

Das Schloss liegt inmitten eines wunderschönen Landschaftsparks 10 km südlich von Erfurt. Führungen durch die Prunk- und Festräume des spätbarocken Bauwerks. Kleines Café mit Sonnenterrasse.

■ Schlossplatz, Molsdorf, www.molsdorf.de, Di–So 10–18 Uhr, 6 €, erm. 4 €

Im Blickpunkt

Wandern im Steigerwald

Das südlich gelegene Landschaftsschutzgebiet verknüpft Trimm-Dich-Pfad, Blindenwanderweg und Naturlehrpfad sowie eine Menge Ausflugsziele miteinander, etwa den Bachstelzenweg entlang der Gera mit dem überregionalen Hauptwanderweg »Jena-Eisenach«. Rundwanderwege um den Haarberg oder im Peterbachtal sowie die Wege zur Suhlequelle und Stiefelburg sind genauso spannend. Auf 344 m Höhe befindet sich das Waldschlösschen mit dem Quellteich. Die 150 Jahre alte Rotbuche nordwestlich nennen die Erfurter liebevoll »Großvater«.

2 Weimar

Klassik trifft Bauhaus und Schlösser en gros

Den Platz vor dem Deutschen Nationaltheater zieren Statuen Goethes und Schillers

Information

- Touristinformation Weimar, Markt 10, 99423 Weimar, Tel. 036 43/74 50, www.weimar.de. Informationen auf der Webseite beachten. Auskunft auch unter E-Mail: tourist-info@weimar.de.

Parken siehe S. 34

Weimar ist anders als alle anderen Städte. Die »Grande Dame« überrascht zum einen mit ewiger jugendlicher Frische sowie einem unglaublichen Kontrast zwischen klassischer Hochkultur und Barbarei während der Nazizeit. Kein anderer Ort beeinflusste die deutsche Kulturgeschichte so sehr wie Weimar.

Obwohl schon 1254 urkundlich erwähnt, rückte die Stadt Weimar erst im Jahr 1552 als Hauptstadt des Herzogtums Sachsen-Weimar ins Blickfeld. Bach, Goethe und Schiller wirkten hier am Hofe und zogen internationale Künstler, Philosophen und Naturwissenschaftler in die Stadt.

Auch im 20. Jh. blieb Weimar kulturell tonangebend. Aus der 1907 vom Architekten Henry van de Velde gegründeten Kunstgewerbeschule ging 1919 das Staatliche Bauhaus um Walter Gropius hervor. Im gleichen Jahr tagten in Weimar die Mitglieder der deutschen Nationalversammlung, um die erste demokratische Verfassung des Landes zu

Plan S. 32

beschließen als Grundstein der Weimarer Republik (1919–1933).
Der quadratische Marktplatz im Mittelpunkt der Altstadt wird vom Stadthaus bestimmt. Im Original erhalten steht unweit das mittelalterliche Cranachhaus, in dem Lucas Cranach d. Ä. ab 1553 und anschließend sein Sohn Lucas (genannt »der Jüngere«) eine Malerwerkstatt führten. Gegenüber befindet sich das neogotische Rathaus mit seinem Turm-Glockenspiel (Mitte März–Dez. tgl. 10, 12, 15 und 18 Uhr) aus Meißner Porzellan. Das älteste Gasthaus Weimars, das Hotel Schwarzer Bär, sowie das historische Hotel Elephant (1696) zieren den Süden des Platzes.

Historisches Stadtzentrum

Fast jedes Haus beherbergte einen Prominenten seiner Zeit

Hier dominiert Klassik. Irgendwo, irgendwie und irgendwann sind immer Goethe und Schiller präsent, ob als Denkmal vor dem Nationaltheater oder in den Stücken darin, in Museen, Ausstellungen, Plätzen, Parks, Restaurants und Cafés. Sie gehören zu Weimar, sind Weimar. Die Touristen huldigen ihnen alljährlich zuhauf, kommen aus allen Himmelsrichtungen der Welt und lassen sich inspirieren. Die Kulturapp Weimar+ hilft Ihnen, Weimar zu erkunden.

Sehenswert

1 Theaterplatz mit Deutschem Nationaltheater

| Platz |

Das Areal vor dem Deutschen Nationaltheater (1906) wird vom Denkmal der Dichterfürsten Johann Wolfgang von Goethe (1749–1832) und Friedrich Schiller (1759–1805) beherrscht. 1857 von Ernst Rietschel geschaffen, ist es ein Wahrzeichen der Stadt geworden. Ebenso das Deutsche Nationaltheater, dessen neoklassizistische Fassade den Zweiten Weltkrieg überlebte. Die traditionsreiche Bühne erlebte Uraufführungen berühmter Werke wie Goethes »Iphigenie auf Tauris« (1779) oder Schillers »Maria Stuart« (1800). 1919 wurde im Theater die Verfassung der Weimarer Republik verabschiedet.

■ Theaterplatz 2, www.nationaltheater-weimar.de, 4–84 €, erm. 6 €

2 Bauhaus-Museum

| Museum |

2 *Avantgarde des 20. Jh. im Glaskubus präsent*

Pünktlich zum 100. Gründungsjubiläum des Bauhauses öffnete der Museumsneubau am 6. April 2019 seine Türen. Der minimalistische Kubus über einem Betonsockel beherbergt auf 2250 m² zeitgenössische Architektur und setzt die weltweit älteste Bauhaus-Kollektion (13 000 Objekte) auf völlig neue Weise in Szene. Sie informiert über das Staatliche Bauhaus Weimar (1919–1925) um Walter Gropius. Auch die Großherzogliche Sächsische Kunstgewerbeschule (1907–1915) Henry van de Veldes ist hier dokumentiert.

■ Stéphane-Hessel-Platz 1, www.bauhausmuseumweimar.de,, www.klassik-stiftung.de, Mi–Mo 9.30–18 Uhr, Erw. 10 €, bis 16 J. frei

3 Wittumspalais

| Museum |

In diesem spätbarocken Bau zelebrierte die Witwe Herzogin Anna Amalia um 1774 ihre berühmten »Tafelrunden« mit Geistesgrößen ihrer Zeit. Wohn- und Gesellschaftsräume sowie Salons und der Festsaal sind heute Museum.

■ Am Palais 3, www.klassik-stiftung.de, Di–So 10–18 Uhr, 7 €, erm. 5 €

4 Schillers Wohnhaus und Schiller-Museum

| Museum |

3 *Wo Friedrich Schiller lebte, wirkte und bedeutende Werke schrieb*

Die drei letzten Jahre seines Lebens verbrachte Friedrich Schiller in diesem Haus. Einzelstücke aus seinem Nachlass und Mobiliar seiner Zeit versetzen in die Jahre um 1805. Nahe-

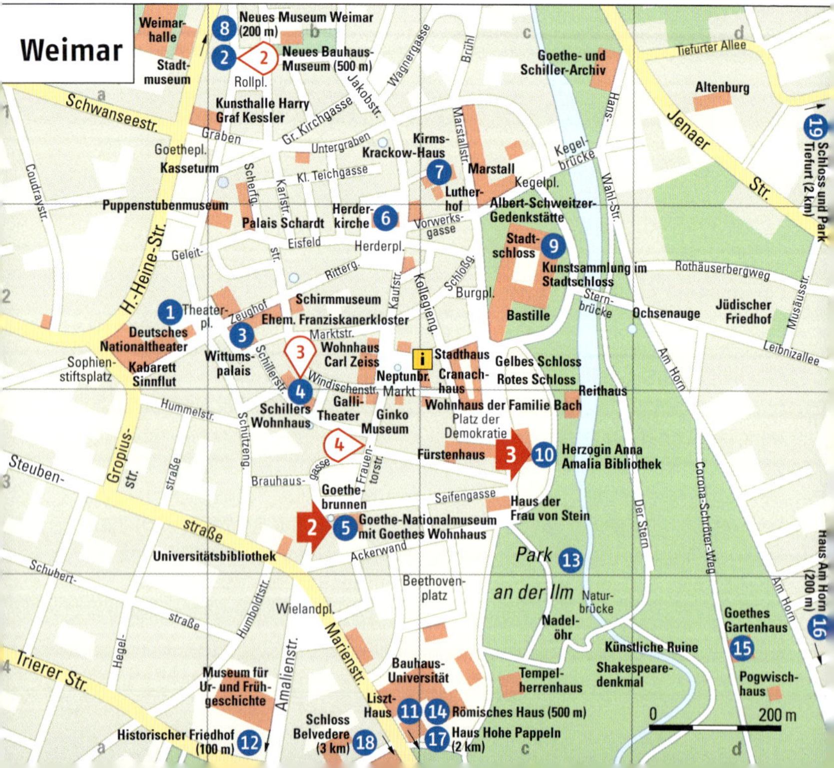

zu originalgetreu blieb im Mansardengeschoss Schillers Arbeitszimmer, in welchem er die »Jungfrau von Orleans« und »Wilhelm Tell« schrieb. Im modernen Anbau ist das Schiller-Museum integriert.

■ Schillerstr. 12, www.klassik-stiftung.de, Di–So 9.30–18 Uhr, 6 €, erm. 2–4 €

5 Goethe Nationalmuseum mit Goethes Wohnhaus

| Museum |

2 *Ein Besuch beim Genius verschafft neue Erkenntnisse*

Das barocke Gebäude am Frauenplan, in dem der Dichter 50 Jahre bis zu seinem Tod im Jahr 1832 lebte, war ein Geschenk des Herzogs Carl-August. Nach den Regeln seiner Farbenlehre gestaltete Räume lassen Goethes Alltag als Schriftsteller und Kunstsammler heute lebendig werden. Besonders beeindruckt das Junozimmer mit der Kolossalbüste einer römischen Kaiserin und die bescheidene Schlafkammer mit dem berühmten Lehnstuhl, in dem Goethe starb.

■ Frauenplan 1, www.klassik-stiftung.de, Ende März–Ende Okt. Di–So 9.30–18, Ende Okt.–Ende März Di–So 9.30–16 Uhr, 13 €, erm. 4–9 €

6 Herderkirche (Stadtkirche)

| Kirche |

Mittelpunkt des Herderplatzes bildet die Herderkirche (Stadtkirche St. Peter und Paul). Johann Gottfried Herder wirkte hier von 1776–1803 als Superintendent und Pastor. Sein Grabstein befindet sich im Mittelschiff. Nahe davon der meisterhafte Flügelaltar, geschaffen von Lucas Cranach d. Ä. 1552 und seinem Sohn. Beachtenswert ist auch der Lutherschrein in der Taufkapelle, ein Triptychon (1572) mit Porträts des Reformators als Magister, Mönch und Junker Jörg.

■ Herderplatz 8, www.ek-weimar.de, April–Okt. Mo–Sa 10–18, So 11–12 und 14–16 Uhr offene Kirche

7 Kirms-Krackow-Haus

| Museum |

In einem der ältesten Häuser der Stadt traf sich einst die Weimarer Gesellschaft. Benannt nach seinen einstigen Besitzern, zeigt das Haus der Familie Kirms deren originales Mobiliar und bürgerliches Wohnen im 18./19. Jh. Markant ist die umlaufende Galerie im ersten Obergeschoss des Innenhofes. Ein Kleinod: der Biedermeiergarten mit barockem Gartenhaus.

■ Jakobstr. 10, www.thueringerschloesser.de, Mitte April–Okt. Fr 14–17, Sa, So 11–17 Uhr, 3,50 €, Café: Di–Fr 11–18 Uhr

8 Neues Museum Weimar

| Museum |

Das Museum für zeitgenössische Kunst gilt als erster deutscher Museumsbau. 1869 als Großherzogliches Museum speziell für die Landschaftsmalerei Friedrich Prellers d. Ä. eröffnet, erlebte es später unrühmliche Zeiten als geplantes Gauforum Hitlers. Dem Projekt fielen damals knapp 150 historische Bauten zum Opfer. Im Zweiten Weltkrieg stark beschädigt, musste das Gebäude 1952 geschlossen werden. Seit 1988 gelang es engagierten Bürgern, die verbliebene Ruine zu sichern, 1999 wurde der Bau als Neues Museum Weimar wiedereröffnet (Werke der internationalen Avantgarde aus der Sammlung Paul Maenz).

■ Weimarplatz 5, Tel. 036 43/54 54 00, www.klassik-stiftung.de, Mi–Mo 9.30–18 Uhr, 8 €, erm. 3–6 €

Plan S. 32

9 Stadtschloss

| Schloss |

Bis ca. Anfang 2024 wird der erste Flügel des Stadtschlosses umgebaut und saniert. Ab dann ist in der Beletage eine neue, kostenfreie Ausstellung zu sehen. Große Teile des Schlosses werden ebenfalls kostenfrei zugänglich sein.

■ Burgplatz 4, www.klassik-stiftung.de

10 Herzogin Anna Amalia Bibliothek

| Bibliothek |

3 *Der zweigeschossige Büchertempel ist wieder hergerichtet*

Die öffentlich zugängliche Forschungsbibliothek für Literatur- und Kulturgeschichte bewahrt literarische Zeugnisse vom 9. bis zum 21. Jh. (ca. 1 Mio. Bücher). Das durch den Brand im Jahr 2004 beschädigte historische Bibliotheksgebäude mit dem berühmten Rokokosaal ist wieder zugänglich und kann täglich (außer montags) von maximal 290 Personen angesehen werden.

■ Platz der Demokratie 1, Reservierung unter Tel. 036 43/54 54 00, www.klassik-stiftung.de, Di–So 9.30–16 Uhr, 12 €, erm. 8 €, Schüler. 4 €

11 Liszt-Haus

| Museum |

Ein Muss für Verehrer des großen Komponisten und Klaviervirtuosen Franz Liszt, der als Hofkapellmeister am Weimarer Theater tätig war. Wohn- und Arbeitsräume samt Salon und Liszts Bechsteinflügel sind hier im Originalzustand erhalten.

■ Marienstr. 17, www.klassik-stiftung.de, Mi–Mo 10–18 Uhr, 3,50 €, erm. 2 €

ADAC Spartipp

Die **Klassik-Stiftung Weimar** spendiert in ihren Museen allen Kindern und Jugendlichen bis 16 Jahre den Eintritt.

12 Historischer Friedhof

| Friedhof |

Charlotte von Stein, Schriftsteller Christian August Vulpius, Baumeister Clemens Wenzeslaus Coudray und Komponist Johann Nepomuk Hummel liegen auf dem meistbesuchten Friedhof Deutschlands. Die Fürstengruft bewahrt 40 Sarkophage der herzoglichen Familie sowie die schlichten Eichensärge von Goethe und Schiller. Einen eigenen Grabbau besitzt die Großherzogin Maria Pawlowna, ihr ist die russisch-orthodoxe Kapelle an der Fürstengruft zu verdanken.

■ Zugang von der Stadtseite über den Poseckschen Garten

Parken

Kostenpflichtige Zeitparkplätze in der Innenstadt (ab 3 €/2 Std.), in der Tiefgarage am Goethehaus (ab 3 €/2 Std.), im Parkhaus Hauptpost (4 €/2 Std.).

Restaurants

€€ | Köstritzer Schwarzbierhaus Thüringer Mutzbraten und Köstritzer Schwarzbier in altem Fachwerkbau. ■ Scherfgasse 4, Tel. 036 43/77 93 37, www.koestritzer-schwarzbierhaus-weimar.de, Mi–Mo 11–21 Uhr, Plan S. 32 b2

€€ | Restaurant Andreas Scholz Hotelrestaurant mit Jugendstil-Weinstube (von 1909). Moderne, gutbürgerliche Küche. ■ Prellerstr. 2, Tel. 036 43/86 19 22, www.restaurant-andreas-scholz.de, Mi–So 18–22 Uhr, Plan S. 32 a3

€€€ | Anna Amalia Sterne-Gourmetrestaurant mit italienisch geprägter Kochkunst. ■ Markt 19, Tel. 036 43/80 20, www.restaurant-anna-amalia.com, tgl. 12–14 und 18–22 Uhr, Plan S. 32 b2

Cafés

4 **Café Frauentor** Kuchen und Torten nach heimischen Rezepten schmecken zu Kaffee, Tee oder Kakao. Auch die frischen Bagel sind köstlich. ■ Schillerstr. 2, Tel. 036 43/51 13 22, Di–Fr 12–22, Sa 9–22, Mo, So 9–18 Uhr, Plan S. 32 b3

Einkaufen

Zwillingsnadeln Die einstige Kostümbildnerin fertigt heute in dem kleinen Atelier Kopfbedeckungen per Hand für jeden Geschmack und verziert sie bei Bedarf mit einzigartigen Hutnadeln. ■ Windischenstr. 29, Tel. 036 43/45 80 20, www.die-zwillingsnadeln.de, Mi, Do 12–18 Uhr und nach Vereinbarung, Plan S. 32 b2

Bühne

Das **Theater im Gewölbe** im Cranach-Haus bietet höchsten Kunstgenuss. Schiller- und Goethe-Stücke in privater Atmosphäre. ■ Markt 11/12, Tel. 036 43/777 377, www.theater-im-gewoelbe.de, Plan S. 32 c2

Erlebnisse

Weimar Haus Im privaten Museum wird die Weimarer Geschichte als kurzweiliges Historienspektakel mit raffinierten Theatertechniken, Showeffekten und Animationen dargestellt. ■ Schillerstr. 16, www.weimarhaus.de, Mo–Sa 10–18, So 11–16 Uhr, 9 €, erm. 5 €, Plan S. 32 b2

Im Blickpunkt

Mythos Weimar

Ein liberales Fürstenhaus und eine clevere Kultur- und Personalpolitik um Großherzogin Anna Amalia (1739–1807) förderten den Aufstieg Weimars als europaweit geistig-kulturelles Zentrum. Goethe und sein 50-jähriges Wirken in der Stadt verhalfen Weimar zu weltweitem Ruf und zog weitere geniale Persönlichkeiten in die Stadt. Klassik erleben kann man u. a. im Deutschen Nationaltheater (S. 31) bei Oper, Schauspiel und Konzerte von Klassik bis zeitgenössischen Werken.

Der Mythos Weimar animierte über Jahrhunderte viele Künstler dazu, hier Neues zu beginnen. 1998 nahm die UNESCO das Ensemble »Klassisches Weimar« in die Liste des Welterbes auf. Heute präsentieren zwölf Gebäude sowie 31 Museen und Erlebnisorte das UNESCO-Welterbe.

Das grüne Weimar

Von Park zu Park wie durch ein Geschichtsbuch

Die herrlichen Parks und Gärten in der Klassikerstadt sowie außerhalb regen zu Spaziergängen an und sind Kunstgenuss zugleich. Sie entführen in die Geschichte(n) Deutschlands und Weimars selbst. Zudem liegen die Anlagen sehr dicht beieinander und lassen sich durchaus an einem Tag durchstreifen. Für die vielfältigen Sehenswürdigkeiten darin sollte man allerdings mehr Zeit einplanen.

Sehenswert

13 Park an der Ilm

| Park |

Die Flaniermeile reicht vom Stadtschloss bis nach Oberweimar. Im Stil eines englischen Parks kreiert, ist er gespickt mit romantischen Brücken über die Ilm, wertvollem Baumbestand, Denkmalen und Büsten berühmter Persönlichkeiten wie Shakespeare, Petöfi oder Puschkin. Seit dem Jahr 1998 gehört der Park zum Ensemble »Klassisches Weimar« der UNESCO-Welterbeliste.

www.klassik-stiftung.de

14 Römisches Haus

| Museum |

Das Römische Haus ist die Sommerresidenz Herzog Carl Augusts. Die Entwürfe (1792–1797) stammen vom

ADAC Mittendrin

Nichts geht am zweiten Oktoberwochenende ohne Zwiebel. Auf dem Kuchen, in der Suppe, im Zopf oder Gesteck – der **Weimarer Zwiebelmarkt** ist Kult. Seit 1653 entwickelte er sich zum größten Volksfest Thüringens.
www.zwiebelmarkt.org

Der Rokokosaal der Herzogin Anna Amalia Bibliothek ist weltberühmt

Hamburger Baumeister Johann August Arens. Goethe leitete anfänglich die Bauarbeiten am ersten Bauwerk des Klassizismus in Weimar. Der Architektur nach gleicht das Gebäude einem römischen Landhaus der Renaissance, das auf den Überresten eines antiken Gebäudes ruht.

■ Park an der Ilm, www.klassik-stiftung.de, Ende März–Okt. Mi–Mo 10–17 Uhr, Eintritt frei

15 Goethes Gartenhaus

| Museum |

Ende des 16. Jh. erbaut, ersteigerte es Johann Wolfgang von Goethe samt umliegendem Garten wenige Monate nach seinem Eintreffen in Weimar im Jahr 1776. Herzog Carl August von Sachsen-Weimar und Eisenach sponserte großzügig den Kauf. Die Wohn- und Arbeitsstätte Goethes bewahrt u. a. eigenhändige Zeichnungen des großen Meisters, sein Stehpult mit Sitzbock und das Reise-Klappbett des Dichters auf.

■ Park an der Ilm, www.klassik-stiftung.de, April–Okt. Di–So 10–18, 7 €, erm. 3–5 €

16 Haus Am Horn

| Architektur |

Das Versuchs-Haus entstand im Jahr 1923 anlässlich der ersten großen Bauhaus-Ausstellung als Prototyp einer hier geplanten Wohnsiedlung. Entworfen wurde es damals vom jüngsten Bauhaus-Meister Georg Muche mithilfe des Architekturbüros Walter Gropius'. Pünktlich zum Bauhausjubiläum wurde das Haus im Mai 2019 nach einer umfangreichen Restaurierung neu eröffnet. Von der ursprünglichen Einrichtung sind nur wenige Originale zu sehen.

■ Am Horn 61, www.klassik-stiftung.de, April–Okt. Mi–Mo 10–18 Uhr, 5 €

■ Haus Hohe Pappeln

| Museum |

In diesem Haus lebte der belgische Jugendstilarchitekt und Designer Henry van de Velde mit seiner Familie, als er von 1908 bis 1917 in Weimar wirkte. Er selbst konzipierte das Gebäude bis ins letzte Detail mit Salon, Speisezimmer, Wohndiele, Arbeitszimmer. Auch die Gartenanlage gehört dazu, denn van Velde wollte für

Im Blickpunkt

Das Bauhaus

Architekt Gropius und seine Anhänger vereinten erstmals Architektur, Kunst und Technik so, dass industriell gefertigte Gebrauchsgüter für die Allgemeinheit entstanden. Sie entwarfen alles vom Löffel bis hin zum kompletten Wohnhaus. Dafür gründete Gropius in der Kunstschule Weimar van de Veldes das Staatliche Bauhaus (1919). Internationale Avantgarde wie Ludwig Mies van der Rohe, Lyonel Feininger, Paul Klee, Wassily Kandinsky und Oskar Schlemmer arbeiteten in der Werkstatt. Gropius nannten sie »Meister«, ihre Studenten »Lehrlinge«. Als die reaktionäre Thüringer Landesregierung die Fördermittel massiv kürzte, zog das Bauhaus im Jahr 1925 ins liberaler regierte Dessau und später nach Berlin. Das Bauhaus steht heute noch weltweit für Avantgarde und Klassische Moderne in allen Bereichen freier und angewandter Kunst. Seinen Einfluss darin hat es bis heute behalten.

Plan S. 32

seine Kinder einen großen Garten haben. Heute zeigt das Künstlerhaus die Möbel der Familie von Münchhausen, die van de Velde 1904 entwarf.

■ Belvederer Allee 58, www.klassik-stiftung.de, Ende März–Okt. Mi–Mo 10–18 Uhr, 5 €, erm. 2–4 €

17 Schloss Belvedere

| Schloss |

Ein Besuch des Ilmparks lässt sich mit Belvedere sofort verbinden und lohnt sich auf jeden Fall anzusehen. Die barocke Schlossanlage (1724–1732) wurde von Johann August Richter und Gottfried Heinrich Krohne als Residenz für Herzog Ernst August von Sachsen-Weimar entworfen, bestehend aus einem Mittelbau und zwei seitlichen Pavillons. Das Museum zeigt Porzellan, Fayencen, Möbel, Schmuck und Gemälde des 18. Jh. Westlich des Schlosses befindet sich der Russische Garten, ähnlich eines Gartens in Sankt Petersburg angelegt.

■ Schloss und Park Belvedere, www.klassik-stiftung.de

18 Schloss und Park Tiefurt

| Schloss |

Der 3 km lange Spaziergang vom Ilmpark nach Tiefurt entspannt. Im Jahr 1765 als Pächterhaus errichtet, diente das Schloss ab 1776 als Wohnsitz für Prinz Constantin, den jüngsten Sohn der Herzogin Anna Amalia. Zugleich war es Stätte literarisch-geselliger Begegnungen für die höfische Welt Weimars. Der Park wurde zwischen 1846 und 1850 vom Gartenkünstler Eduard Petzold gestaltet und ist ein gärtnerisches Kleinod.

■ Hauptstr. 14, www.klassik-stiftung.de, Ende März–Okt. Di–So 10–17 Uhr, 4 €, erm. 1–3 €

Restaurants

€€ | El Greco Griechisch speisen an der Feininger-Route (S. 2) im wunderschönen Tal der Ilm. ■ Kastanienallee 3, Weimar-Legefeld, Tel. 036 43 /84 93 15, Di–So ab 11 Uhr, Plan S. 32 südl. a/b4

In der Umgebung

Wielandgut Oßmannstedt

| Museum |

Das Wielandgut mit Museum am Ilmufer in Oßmannstedt, etwa 10 km nordöstlich von Weimar, sollte man nicht versäumen. Der Schriftsteller Christoph Martin Wieland (1733–1813) kaufte den ehemaligen Sommersitz Herzogin Anna Amalias und fand im Park seine letzte Ruhestätte. Besucher erhalten auf einer virtuellen Zeitreise Einblick in das Leben und Wirken des Schriftstellers.

■ Wielandstr. 16, Tel. 036 43/54 54 00, www.klassik-stiftung.de, Ende März–Okt. Mi–Mo 10–17 Uhr, Eintritt frei, Audioguide verfügbar

Gedenkstätte Buchenwald

| Gedenkstätte |

Auf dem Ettersberg befand sich ab 1937 eins der größten deutschen Konzentrationslager. Bis zur Befreiung am 11. April 1945 wurden im Lager über 250 000 Menschen aus über 50 Ländern grausamst misshandelt. 56 000 überstanden den Horror nicht. Seit 1958 erinnern Ort und Mahnmal am Glockenturm als Nationale Mahn- und Gedenkstätte Buchenwald an die Grauen der Nazizeit.

■ Ettersberg, www.buchenwald.de, Außenanlagen tgl. bis Einbruch der Dunkelheit, Museen April–Okt. Di–So 10–18, Nov.–März Di–So 10–16 Uhr, Eintritt frei

Der Musentempel im Schlosspark Tiefurt ist Kalliope, der Muse der Dichtkunst, gewidmet

3 Bad Berka

Vom Goethebad zum Stausee dauert es nur eine kurze Zeit

Information

■ Touristinformation Bad Berka, Goetheallee 3, 99438 Bad Berka, Tel. 03 64 58/ 57 90, www.bad-berka.de, Mo–Fr 9–12 und 13–17/18, Mai–Sept. auch Sa 9–12, So 15–17 Uhr

■ Touristinformation Kranichfeld, Baumbachplatz 1, 99448 Kranichfeld, Tel. 03 64 50/420 21, www.kranichfeld.de, mind. Mo–Fr 10–13 Uhr

Im Landschaftsschutzgebiet Mittleres Ilmtal lässt sich ein Besuch Bad Berkas mit der nahe gelegenen Zwei-Burgen-Stadt Kranichfeld, mit dem Rundlingsdorf Tiefengruben sowie dem Stausee Hohenfelden sehr gut verbinden.

Sehenswert

Kurpark Bad Berka

| Kurpark |

Das 1825 eröffnete Bade- und Gesellschaftshaus (Coudray-Haus) ist heute Haus des Gastes und zeigt die Ausstellung »Das Goethe-Bad im Grünen«. Ein eleganter Pavillon (1909) überdacht den Goethebrunnen direkt am Eingang. Vom Kurpark führt ein 45-minütiger Spaziergang zum 26 m hohen Paulinenturm auf dem Adelsberg.

■ Goetheallee 1, Kurpark frei zugänglich, Ausstellung im Haus des Gastes Fr–So 14–17 Uhr, 3 €, erm. 1,50 €

Marktplatz mit Rathaus

| Architektur |

Das klassizistische Gebäude-Ensemble rund um den Marktplatz steht unter Flächendenkmalschutz. Auf Empfehlung Goethes plante Landbaumeister

Coudray seinerzeit das Ensemble nach dem Großbrand 1816, einschließlich Rathaus. Dessen Monduhr als Giebelschmuck, die auf einer blauen bzw. goldenen Halbkugel die jeweilige Mondphase anzeigt, ist besonders.

Verkehrsmittel

Die Imtalbahn verbindet Weimar und Bad Berka. ■ www.erfurter-bahn.de > Reiseinformationen > Fahrpläne > EB 26

Kinder

Freizeitpark Stausee Hohenfelden Der Freizeitpark mit Freibad, Erlebnisspielplatz und Kletterwald bietet Spiel, Sport und Spaß. Die Kleinsten können im »Kletterwäldchen« einen Parcours in 1–2 m Höhe bewältigen. ■ Freizeitpark Stausee Hohenfelden, www.erlebnis region-hohenfelden.de, www.kletterwald-hohenfelden.de, Freibad: tgl. 9–19 Uhr, 3 €, erm. 1,50 €

Die Marienkirche von Bad Berka steht unmittelbar an der Ilm

ADAC Mittendrin

Der **Kult-Imbiss Haase** wenige Meter neben der A 9 »Auf der Schanze« Magdala brät nach wie vor die beste Thüringer Bratwurst.

In der Umgebung

Oberschloss und Niederburg Kranichfeld
| Burg |
Hingucker des Oberschlosses (12. Jh.) ist der »Leckarsch« am Südwesterker. Die Steinfigur verkörpert Ritter Wolfer, der beim Hinternlecken gestorben sein soll. Unterhalb steht die bescheidenere Niederburg (12. Jh.), die heute den Adler- und Falkenhof Schütz beherbergt. Einmalige Flugschauen!
■ Am Oberschloss, www.oberschloss-kranichfeld.de, April–Okt. 11–17 Uhr, 3 €, erm. 2,50 € , Fam. 6,50 €
■ Niederburg: Schlossgasse 18, www.falkenhof-kranichfeld. de, Di–So 15 Uhr

4 Apolda

Strickerei bei Glockengeläut nahe avantgardistischer Kunst

Information

■ Touristinformation Apolda, Markt 1, 99510 Apolda, Tel. 036 44/65 01 00, www.apolda.de, Mo–Do 9–17, Fr 9–14 Uhr

Die 200-jährige Tradition der Glockengießerstadt ist untrennbar mit der des Strickgewerbes verbunden. 1593 führte »David, der Strickermann« hier die Kunst des Strumpfstrickens ein. 2017 war Apolda Ort der 4. Thüringer Landesgartenschau »Blütezeit Apolda«.

Sehenswert

Glocken- und Stadtmuseum

| Museum |

In der klassizistischenFabrikantenvilla können Besucher Tier-, Schiffs-, Uhr-, Hand- und Turmglocken selbst zum Klingen bringen. Das Stadtmuseum im selben Gebäude zeigt zahlreiche Strickmaschinen und Apoldaer Webmuster.

■ Bahnhofstr. 41, www.glockenmuseum-apolda.de, Di–So 11–17 Uhr, 6 €, erm. 3 €

Kunsthaus Avantgarde

| Galerie |

Der »Kunstverein Avantgarde« organsiert seit 1995 erfolgreich Wechselausstellungen mit Werken des Expressionismus, des Bauhauses sowie der Gegenwart. Zur Eröffnungsausstellung mit Gemälden Liebermanns und Corinths kamen Tausende Besucher.

■ Bahnhofstr. 42, www.kunsthausapolda.de, Di–So 10–17 Uhr, Eintritt abhängig von der Ausstellung

Kneipen, Bars und Clubs

»No. 1« Drinks im historischen Arzneikeller der Stadtapotheke. ■ Apothekergässchen 1, Tel. 036 44/55 56 37, www.no1-apolda.de, Mo–Sa 17–23 Uhr

5 Sömmerda

Radfreundliche Gegend, mittendrin die Pfefferminzstadt und der Urzeitmensch

Information

■ Touristinformation, Marktstr. 1–2, 99610 Sömmerda, Tel. 036 34/35 00, www.soemmerda.de, Mo–Fr 9–12.30, Mo, Do, Fr auch 13.30–16, Di bis 18 Uhr

Ein überraschender Landkreis: Der rund 190 km lange Unstrut-Radwanderweg vom Eichsfeld nach Naumburg trifft in der Mitte auf Sömmerda. Direkt an der Unstrut gelegen ist die Stadt ein Paradies für Wasserwanderer. Wahrzeichen des Orts ist das wunderschöne Renaissance-Rathaus.

In die Urzeit der Menschheit entführt die Ausgrabungsstätte »Steinrinne« wenige Kilometer entfernt, in Bilzingsleben. Einen Chinesischen Garten kann man dagegen im nahen Weißensee bewundern.

Das benachbarte Städtchen Kölleda ist eher beschaulich, hat jedoch bereits mehr als 1200 Jahre auf dem Buckel und ist für seine Pfefferminze und andere Kräuter bekannt.

Sehenswert

Historisches Technisches Museum

| Museum |

Im denkmalgeschützten Wohnhaus Nicolaus von Dreyses, Erfinder des Zündnadelgewehrs, gibt es neben der Sammlung historischer Waffen neuerdings auch elektrische und mechanische Schreib- und Rechenmaschinen des ehemaligen Büromaschinenwerks Sömmerda zu sehen.

■ Weißenseer Str. 15, Sömmerda, www.dreysehaus.de, Di–Do 10–18, Fr 10–13, So 14–17 Uhr, 3 €, erm. 1,50 €

Trabiparadies

| Museum |

Die »Rennpappe« aus Zwickau in 30 Variationen hat Trabantliebhaber Volkmar Helbing in einer großen Halle der Weimarischen Straße ausgestellt. Nicht ganz gewöhnliche, dafür echte Hingucker wie der zum Swimmingpool umgebaute oder der über 10 m lange Trabant-Mannschaftsbus. ■ Weimarische Str. 29, Kölleda, www.trabiparadies-koelleda.de, April–Ende Okt. jeden letzten So im Monat, ansonsten auch tel. Vereinbarung möglich, 3,50 €, bis 8 J. frei

Restaurants

€€ | Karnette Thüringer Küche frisch zubereitet. ■ Marktstr. 11, Sömmerda, Tel. 036 34/60 19 11, www.karnette.de, Di–Fr, So 11–14, Fr auch 17–23, Sa 17–22 Uhr

Kneipen, Bars und Clubs

Piano Livemusiclocation Uriges Lokal mit hochkarätiger Livemusik. ■ Kölledaer Str. 3, Sömmerda, Tel.036 34/60 12 33, www.piano-livemusiclocation.de, Mo–Fr ab 18.30, Sa ab 19 Uhr

6 Bad Tennstedt

Idyllische Kurstadt heilt mit Schwefelwasser und huldigt dem Waid

Information

■ Touristinformation im »Haus des Gastes«, Kurstr. 10, 99955 Bad Tennstedt, Tel. 036041/57076, www.badtennstedt.de, Mo, Di 10–16, Mi, Fr 10–13, Do 10–17, Sa 9–11 Uhr

Die kleine mittelalterliche Stadt im »Schlotheimer Grabenbruch« hat von der Natur eine kostbare Gabe erhalten: heilendes Schwefelwasser. Bereits seit mehr als 200 Jahren beschert es der Kurstadt ein gutes Einkommen und viele Besucher.
Die 1465 als Wach- und Wehrturm der Stadtbefestigung erbaute Fronveste (Schulberg, Besichtigungswunsch anmelden unter Tel. 036041/57076) diente später als Stadtgefängnis. Heute ist sie Sitz des Stadtmuseums.

Sehenswert

Waidmühle

| Mühle |

Der originalgetreue Nachbau (1995) einer historischen Waidmühle aus dem 16. Jh. zeigt die Technik der Verarbeitung von Färberwaid, der hier in der Region als Lieferant des blauen Indigofarbstoffes diente. Er verhalf der Region seinerzeit zu Wohlstand.
■ Am Osthöfer Tor 1, Tel. 036041/57076, www.badtennstedt.de, frei zugänglich

Bruchwiese

| Naturschutzgebiet |

Die Quellen, Teiche und Bäche einer bemerkenswerten Fauna und Flora lassen sich entweder zu Fuß oder per Fahrrad erkunden. Einzigartige Farbspiegelungen entstehen an den Kraterquellen »Gläserloch«, »Kutschenloch« und »Bruchteich«. ■ Langensalzaer Straße, www.badtennstedt.de

7 Bad Langensalza

Rosenpracht hinter historischer Stadtmauer verzaubert jede und jeden

Information

■ Touristinformation Bad Langensalza, Marktkirche 11, 99947 Bad Langensalza, Tel. 036 03/83 44 24, www.badlangensalza.de, Mo–Fr 9–18, Sa, So 10–16 Uhr

Die mittelalterliche Stadt gehört mit ihren jahrhundertealten Fachwerkhäusern zur Deutschen Fachwerkstraße »Vom Harz zum Thüringer Wald«. Kaum eine andere Stadt weltweit hat so viel hochkarätige Gärten und Parks wie sie – immerhin zehn. Im Verbund mit heilendem Schwefelwasser wird hier jeder Aufenthalt unvergesslich.

Sehenswert

Apothekenmuseum

| Museum |

In dem schönen Fachwerkhaus »Haus Rosenthal« (1515) wird die Geschichte der Pharmazie und die Arbeit in einer alten Apotheke nachgestellt. Im dazugehörigen Apothekergarten wachsen mehr als 80 verschiedene Heilkräuter. ■ Bergstr.15a, www.badlangensalza.de, Nov.–März Mi, Sa 13–17, April–Okt. Mi–Sa 13–17, So 10–17 Uhr, 4 €, erm. 3 €, Kombiticket mit Stadtmuseum 4 €

Rosengarten

| Garten |

Im schönsten Rosengarten Deutschlands blühen 450 Rosenarten auf dem 18 000 m² großen Areal eines stillgelegten Fabrikgeländes. Großen Anteil daran hat die Züchterfamilie Berger, allen voran Anni Berger (1904–1990), die einzige anerkannte Rosenzüchterin Deutschlands. Seit 2002 trägt Bad Langensalza den Namen »Rosenstadt«. ■ Vor dem Klagetor 3, www.badlangensalza.de, Mai–Sept. tgl. 10–19, Okt. 10–18 Uhr, 5 €, erm. 4 €, keine Hunde

Japanischer Garten

| Garten |

Gartenkunstliebhaber treffen sich in Bad Langensalza unweit des mittelalterlichen Stadtzentrums bei trockenen und feuchten Wasserfällen und bei heiligen Bäumen. Bewundern kann man auch Bonsai in Vollendung sowie Wegegestaltung im japanischen Stil. Ein Besuch im Teepavillon rundet das Ganze ab. ■ Kurpromenade, www.badlangensalza.de, Garten: April–Okt. tgl. 10–19 Uhr, 5 €, erm. 4 €, keine Hunde, Kinder bis 12 J. frei, Teepavillon Mai–Okt. 13–17 Uhr

Restaurants

€€ | Ratswaage Von Thüringer Schnippelsuppe bis Tafelspitz. ■ Mühlhäuser Str. 40, Tel. 03603/893789, www.ratswaage-lsz.de, Di 16.30–22, Mi, Do 11–15 und 16.15–23.45, Fr 11–23.30, Sa 11–15 und 16.15–22.30, So 11–17 Uhr

Entspannung

Friederiken Therme Schwereloses Baden bei 32 °C warmem Solewasser im Innen- und Außenbecken. Anschließend Sauna und Wellness. ■ Böhmenstr. 5, www.friederikentherme.de, tgl. 10–0.30 Uhr, Thermalbad und Sauna 16 €, erm. 13 € (2,5 Std.)

Die Marktkirche im Zentrum der Kur- und Rosenstadt Bad Langensalza

8 Gotha

Das weltweit einzigartige barocke Erbe genießen

Gepflegte Rasenflächen und ein Springbrunnen schmücken den Garten der Orangerie

Information

- Touristinformation Gotha, Hauptmarkt 40, 99867 Gotha, Tel. 036 21/51 04 50, www.kultourstadt.de, Mo–Fr 10–18, Sa 10–16, So/Feiertag Mai–Sept. 10–14 Uhr
- Parken siehe S. 46

Gotha an der Via Regia und vor der Kulisse einer reizvollen Hügellandschaft bezaubert wohl jeden und jede. Als »villa gotaha« (gutes Wasser) wurde die Siedlung erstmalig im Jahr 775 urkundlich erwähnt, 1180 als Stadt. Dank des Handels mit Färberwaid gelangte Gotha im Mittelalter zu Geld und Ruhm. Allerdings verging das alles im Dreißigjährigen Krieg und bei einem verheerenden Stadtbrand von 1632. Erst Herzog Ernst I. der Fromme schaffte den Aufschwung der Stadt, als er sie 1640 zu seiner Residenz erkor und anstelle der 1567 geschleiften Burg Grimmenstein das vierflügelige Schloss Friedenstein errichten ließ. Das mächtige Bauwerk sollte nach Willen des Herzogs seinen absolutistischen Führungsanspruch einerseits und aufgeklärtes Fortschrittsbewusstsein andererseits versinnbildlichen. Seine »Politik« lockte fortan geniale Persönlichkeiten wie Voltaire oder Goethe an den Hof.

Plan
S. 47

Sehenswert

1 Schloss Friedenstein

| Museum |

Kunstschätze hinter mächtigen Mauern. Hoch oben auf dem Schlossberg befindet sich ein besonderes Ensemble: barocke und klassizistische Kunst, das Ekhof-Theater und Sammlungen aus 350-jähriger Kunstgeschichte, Historie und Naturkunde. Sie sind ausgiebig im Schlossmuseum, im Historischen Museum und im Museum der Natur zu bewundern. Die größtenteils gut erhaltenen Kasematten des Schlosses zeigen Schartenkammern, Büchsengalerien und Hinterwehre.

■ Schloss Friedenstein, www.stiftungfriedenstein.de

2 Englischer Garten im Schlosspark

| Park |

Die schönsten Plätze dieser ältesten europäischen Gartenanlage finden sich im Englischen Garten und im Garten der Orangerie. Kleine Seen und Pavillons zwischen altem Baumbestand. Der barocke Mittelbau der Orangerie aus dem 18. Jh. ist ein architektonisches Kleinod.

■ Schlossplatz 1, www.stiftungfriedenstein.de, ganzjährig geöffnet

3 Herzogliches Museum

| Museum |

Schätze der herzoglichen Kunstsammlungen von ägyptischen Mumien über antike Gefäße, Porzellan aus Meißen und Asien bis hin zu früher deutscher und niederländischer Malerei. Darunter das erste großformatige Doppelbildnis der deutschen Malerei und berühmte Tafelgemälde »Gothaer Liebespaar« (um 1484). Ein künstlerisches Zeitzeugnis, das vor Dürer entstand.

■ Parkallee 15, www.stiftungfriedenstein.de, Di–So 10–17 Uhr

4 Wasserkunst

| Brunnen |

Im 14. Jh. angelegt, versorgte der Leinakanal die Stadt mit Wasser und ermöglicht heute sensationelle Wasserspiele. Über mehrere Ebenen fließt Brunnenwasser weithin sichtbar aus dem Brunnen 100 m vom Schloss Friedenstein zum Rathaus hinab.

ADAC Spartipp

Die Einzelkarte **Friedensteinkarte** für 10 €, erm. 4 € gilt einen Tag für Schlossmuseum, Historisches Museum, Museum der Natur, Ekhof-Theater, Herzogliches Museum, Sonderausstellungen. Kinder bis 16 Jahre haben in Begleitung eines Erwachsenen freien Eintritt. Die **Einzelkarte »Modul«** kostet 5 €, erm. 2,50 € und gilt für Museum der Natur, Ekhof-Theater, Herzogliches Museum oder Sonderausstellung/Vortrag/Veranstaltung (Ausnahmen: Barockfest, Ekhof-Festival, Museumsnacht, Sonderausstellungen in den historischen Räumen).

Der denkmalgeschützte Leinakanal gilt als technisches Meisterwerk und funktioniert immer noch. Er speist Gotha mit Wasser aus dem Thüringer Wald. Die Wasserkunst entstand Ende des 19. Jh. in Anlehnung an die Kasseler Wilhelmshöhe. Das Pumpwerk der Wasserkunst befindet sich im zweigeschossigen Barockgebäude des Lucas-Cranach-Hauses.

■ Hauptmarkt 1, Besichtigungen des Pumpwerks: Anfrage beim Förderverein Tel. 036 21/40 59 15, www.leinakanal-gotha.de, Wasserspiele im Winter außer Betrieb

5 Hauptmarkt

| Platzgefüge |

Schmuckstück des Hauptmarktes ist das prächtig verzierte Rathaus mit 35 m hohem Turm. Von der Aussichtsplattform (in 23 m Höhe) ergibt sich ein herrlicher Blick über die Residenzstadt bis zum Thüringer Wald oder dem Burgentrio Drei Gleichen (S. 55). Prachtvolle Bürgerhäuser ringsum beherbergten einst Martin Luther oder Lucas Cranach.

■ Rathausturm: April–Nov. 11–18 Uhr, 0,50 €

6 Augustinerkirche

| Kirche |

Die gotische Kirche, Teil eines Klosters, wurde innen im Frühbarock umgestaltet. Sehenswert sind die üppig verzierte Fürstenloge, Kanzel, Orgelprospekt, und Gedenktafel für Martin Luther, der hier von 1515 bis 1521 mehrfach predigte.

■ Klosterstraße, www.augustinerkloster-gotha.de, Mo–Fr 10–12 und 14–16, So 14–16 Uhr

Verkehrsmittel

Die Thüringer Waldbahn fährt von Gotha durch den Wald bis nach Tabarz am Fuße des 916 m hohen Inselsbergs.

■ Waltershäuser Str. 98, Tel. 036 21/43 10, www.waldbahn-gotha.de

Parken

Auf den städtischen gebührenpflichtigen Flächen parkt man samstags kostenfrei. So–Fr ab 1 €/Std.

Restaurants

€€ | Bellini im Ratskeller Italienische und thüringische Gerichte im Stadtzentrum. ■ Hauptmarkt 3, Tel. 036 21/51 25 94, www.restaurant-bellini.de, tgl. 10–22 Uhr, Plan S. 47 a1

€€€ | Pagenhaus, Schloss Friedenstein Exquisite Küche der Saison serviert in fürstlichem Ambiente. Mit Biergarten. ■ Schloss Friedenstein, Tel. 036 21/40 36 12, www.pagenhaus.de, Di–Sa 12–22, So bis 17 Uhr, Plan S. 47 b2

Cafés

Ottimo Kaffeerösterei Hochwertiger Kaffee und Fachkompetenz. ■ Gartenstr. 21, Tel. 0176/94935726, Di–Fr 10–17 Uhr, Plan S. 47 nördl. b1

Einkaufen

»Gotha Adelt«-Laden Souvenirs – von Schokolade bis zu Glaswaren. ■ Hauptmarkt 44, Tel. 03621/510440, Mo–Fr 10–18, Sa bis 16 Uhr, Plan S. 47 a1

Events

Ekhof-Festival auf Schloss Friedenstein Herzog Ernst II. gründete und öffnete das Hoftheater für das bürgerliche Publikum und stattete es mit einem festen Ensemble aus. Conrad Ekhof (1720–1778), damaliger Star deutscher Schauspielkunst, leitete es. Heute spielt das älteste Barocktheater in den Sommermonaten beim Klang barocker historischer Instrumente jeweils ein Theaterstück aus dem 15. bis 18. Jh. Dann kommt auch die einzigartige, im Jahr 1687 gefertigte hölzerne Kulissenverwandlungsmaschine zum Einsatz. ■ Schloss Friedenstein, Tel. 03621/823451, www.ekhof-festival.de, jährlich im Juli, Konzert ab 15 €, Schauspiel ab 40 €, Plan S. 47 b2

Erlebnisse

Professor-Galletti-Rundgang Freitag um 20 Uhr: amüsante Stadtführung mit dem »Schulmeister« des 19. Jh. in 1,5 Std. zu den attraktivsten Plätzen der Stadt. ■ Treffpunkt: Historisches Rathaus, Hauptmarkt, Termine unter www.kultourstadt.de, 10 €, erm. 4 €

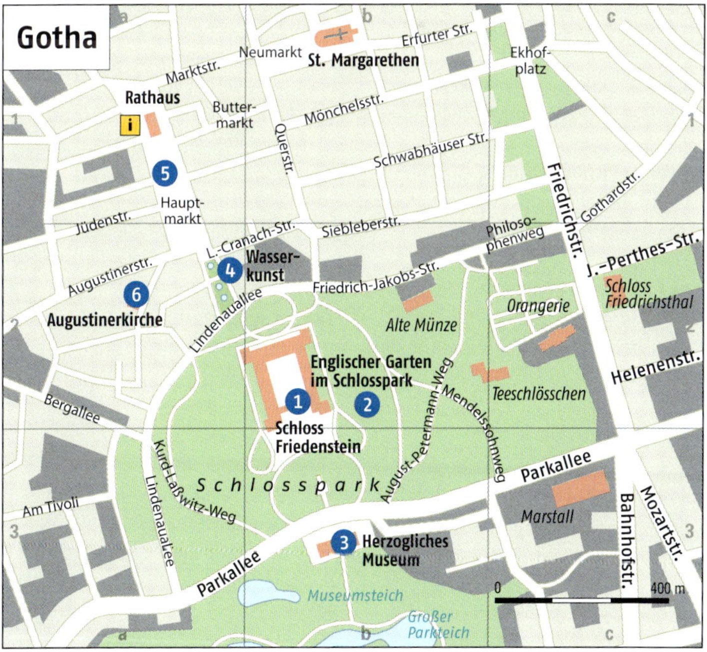

Übernachten

Ob in Familie, mit Freunden, in romantischer Zweisamkeit oder als Single – die Vielfalt zum Übernachten reicht vom Luxus-Hotel in Weimar über das gediegene Landhaus in Bad Langensalza bis hin zu gemütlichen Pensionen in Bad Berka oder den schwimmenden Hütten in Apolda. Unabhängig vom Geldbeutel lassen sich im Thüringer Becken in der Stadt wie auf dem Lande sehr gute und bequeme Schlafmöglichkeiten finden.

Erfurt 18

€ | **B&B Hotel Erfurt** Einfache und saubere Unterkunft, zentrumsnah gelegen. ■ Juri-Gagarin-Ring 106, 99084 Erfurt, Tel. 0361/555950, www.hotelbb.de

€ | **Evangelisches Augustinerkloster** Im Gästehaus des Klosters wohnen die Gäste schlicht und ruhig. ■ Augustinerstr. 10, 99084 Erfurt, Tel. 0361/576600, www.augustinerkloster.de

€ | **Pension Reuss** Familiengeführt, klein und fein mit kostemlosem WLAN. ■ Spittelgartenstr. 15, 99089 Erfurt, Tel. 0361/7310455, www.pension-reuss.de

€€ | **Hotel Krämerbrücke** Die von Designern gestalteten Zimmer gefallen. ■ Gotthardtstr. 27, 99084 Erfurt, Tel. 0361/67400, www.bachmann-hotels.de

€€€ | **Zumnorde** Elegantes Altstadthotel, Biergarten, Dachgarten und Sauna. ■ Anger 50/51, 99084 Erfurt, Tel. 0361/56800, www.hotel-zumnorde.de

Weimar 30

€ | **Familienhotel Weimar** Neben Goethes Wohnhaus, großzügige kinderfreundliche Ferienwohnungen. ■ Seifengasse 8, 99423 Weimar, Tel. 03643/457988, www.familienhotel-weimar.de

€ | **Pension Alter Zausel** Zentrumsnah in ruhigem Gründerzeitviertel gelegen, mit Wellnessapartment. ■ Carl-von-Ossietzky-Str. 11–13, 99423 Weimar, Tel. 03643/773970, www.alter-zausel.de

€ | **stattHotel Weimar** Familiengeführtes, nettes kleines Haus in zentraler Lage. ■ Amalienstr. 19, 99423 Weimar, Tel. 03643/8774660, www.statthotel-weimar.de

€ | **Villa Hentzel** Klassizistische Villa mit gepflegten Zimmern. ■ Bauhausstr. 12, 99423 Weimar, Tel. 03643/86580, www.hotel-villa-hentzel.de

€€ | **Park Inn by Radisson Hotel** Vier-Sterne-Hotel wenige Kilometer von Weimar entfernt, das auch günstige Übernachtungen anbietet. Auf Angebote achten! ■ Kastanienallee 1, 99428 Weimar-Legefeld, Tel. 03643/8030, www.parkinn.de

€€€ | **Amalienhof** Baumeister Clemens Coudray errichtete das Hotel im klassizistischen Stil im Jahr 1826 nahe dem Goethehaus. ■ Amalienstr. 2, 99423 Weimar, Tel. 0343/5490, www.amalienhof-weimar.de

€€€ | **Best Western Premier Grand Hotel Russischer Hof** Traditionsreiches Grandhotel mit Komfort, Wellnessbereich und Gourmetrestaurant. ■ Goetheplatz 2, 99423 Weimar, Tel. 03643/7740, www.russischerhof.com

Bad Berka und Kranichfeld 39

€ | Hotel Meininger Hof Gemütliche Zimmer preiswert und Gastronomie mit Thüringer Küche. ■ Georgstr. 1, 99448 Kranichfeld, Tel. 03 64 50/34 60, www.hotel-meininger-hof.de

€ | Pension Lea Jahn Gemütliche Zimmer mit Kochecke nahe dem Zentrum. ■ Rittersdorfer Str. 19, 99448 Kranichfeld, Tel. 03 64 50/42 44, www.lea.loris.tv

Apolda 40

5 **€ | Historische Mühle** Die kleine Insel um die Historische Mühle in Eberstedt bietet nicht nur Mühlentechnisches, sondern auch frische Forellen und v. a. Übernachtungen in schwimmenden Hütten direkt am Ilmtal-Radweg. Außergewöhnlich und preisgünstig für Familien. ■ Dorfstr. 29, 99518 Eberstedt, Tel. 036 61/874 36, www.oehlmuehle-eberstedt.de

€€ | 2 Länder Familiäre Atmosphäre in einer Villa im Grünen mit Biergarten. ■ Erfurter Str. 31, 99510 Apolda, Tel. 036 44/502 20, www.hotel-2-laender-apolda.de

Sömmerda & Umgebung 41

6 **€ | Schloss Beichlingen** Im etwas abgeschiedenen, 1000-jährigen Baudenkmal kann man übernachten. Im individuell eingerichteten Gräfinnenzimmer fühlt man sich wie vor 500 Jahren, allerdings mit Sat-TV, Telefon und WLAN. ■ Straße des Friedens 70, 99625 Beichlingen, Tel. 036 35/60 07 18, www.schloss-beichlingen.de

€€ | Alte Molkerei Ruhige Nächte nahe des alten Stadttors in Kölleda. Angeschlossen ist ein Restaurant mit Biergarten. ■ Battgendorfer Str. 1, 99625 Kölleda, Tel. 036 35/460 40, www.alte molkerei-online.de

€€ | Hotel Erfurter Tor Nichtraucherhotel mit Niveau. ■ Kölledaer Str. 33, 99610 Sömmerda, Tel. 036 34/33 20, www.hotel-erfurter.tor.de

Bad Tennstedt 42

€ | Pension Café Hehrlich Vier ruhige, individuell eingerichtete Gästezimmer im Landhausstil. ■ Mühlenstr. 2, 99555 Bad Tennstedt, Tel. 0175/840 41 54, www.cafe-hehrlich.de

Bad Langensalza 42

€€ | Alpha Hotel – Hermann von Salza Neben schönen Zimmern auch eine Dachterrasse zum Verweilen. ■ Kurpromenade 1, 99947 Bad Langensalza, Tel. 036 03/12 24 90, www.alpha-hotel-thueringen.de

Gotha 44

€ | Augustinerkloster Gotha Erholsam, bewusst ohne TV, Radio und Telefon. ■ Jüdenstr. 27, 99867 Gotha, Tel. 036 21/30 29 01, www.augustiner kloster-gotha.de

€€ | Landhaus & Burg Hotel Romantik Stilvolle Zimmer in einem umgebauten Bauernhof am südlichen Stadtrand. Schöner Garten. ■ Salzgitterstr. 76, 99867 Gotha, Tel. 036 21/364 90, www.landhaus-hotel-romantik.de

€€€ | Lindenhof Idyllisch und zentral gelegenes Hotel. Großer Garten, Sonnenterrasse und Biosauna. ■ Schöne Aussicht 5, 99867 Gotha, Tel. 03 21/77 20, www.lindenhof.bestwestern.de

Thüringer Wald

Deutschlands grüne Mitte am Rennsteig – schöne Wanderwege und Skigebiete, mittelalterliche Burgen und viel Tradition

Der Rennsteig, Deutschlands längster Höhenwanderweg, ist mit einem R ausgeschildert und zieht sich wie ein Rückgrat durch den Thüringer Wald, von Eisenach bis nach Blankenstein. Großer Beerberg wie Großer Inselsberg überragen das größte zusammenhängende Waldgebiet Deutschlands. Oberhof ist im Winter und Sommer unangefochten schön. Ebenso die Glasbläserkunst aus Lauscha oder das traditionelle Waffenschmiede-Handwerk aus Suhl.

Profi- wie Amateursportler finden hier das ganze Jahr über ein Naturparadies. Wer gern wandert und sich an GPS-Signalen orientiert, Fahrrad fährt oder einfach nur die Seele baumeln lassen möchte, kann diese Region auf ganz eigene Weise genießen.

Darüber hinaus hält der Thüringer Wald unzählige Sehenswürdigkeiten und Attraktionen parat, so beispielsweise den Miniaturenpark in Ruhla auf 18 000 m². Hier stehen im Maßstab 1:25 detailgetreue Modelle Thüringer Bauwerke zum Staunen. Im 5000 m² großen Zwergenpark im Trusetal nahe Gräfenroda, wo der erste Gartenzwerg entstanden ist, geht v. a. Fans von Gartenzwergen das Herz auf. Nicht zu vergessen die größte Kuhglocke der Welt in Kleinschmalkalden. Hergestellt von der Firma Venter-Glocken GmbH, hat sie es mit 920 kg Gewicht und 3,10 m Höhe sogar ins »Guinnessbuch der Rekorde« geschafft.

In diesem Kapitel:

ADAC Top Tipp:

4 **Wartburg, Eisenach**
| Burg |

Über 900 Jahre thront die Wartburg über Eisenach und ist Wahrzeichen Thüringens und UNESCO-Weltkulturerbe zugleich. Im Sommer können Kinder bei gutem Wetter auf dem Esel nach oben reiten. 53

ADAC Empfehlungen:

7 Bachhaus, Eisenach
| Museum |
Das Haus, in dem der große Musiker des Barock, J. S. Bach, wirkte. Besucher können Bachsche Kompositionen auf Originalinstrumenten und ausgeklügelte Klanginstallationen erleben. 52

8 Drachenschlucht bei Eisenach
| Wanderweg |
Bis zu 10 m hoch türmen sich die Felsen in der Drachenschlucht über dem Wanderer. 53

9 Kunstwanderweg Kleinbreitenbach
| Freiluftausstellung |
Ein 2 km langer Kunstwanderweg, der jedes Jahr um ein paar Objekte wächst dank Künstlern aus aller Welt, aber auch einheimischer Kinder und Jugendlichen. 58

10 Farbglashütte ELIAS, Lauscha
| Glasbläserei |
Die »Wiege« der Glasbläserei steht in Lauscha. In der Farbglashütte erlebt man die Kunst des Glasblasens und kann sich sogar selbst seine Traumkugel blasen. 59

9 Eisenach

Mittelalter, Barock und schnelle Autos sind Markenzeichen der Stadt

Information

■ Touristinformation Eisenach-Wartburgregion, Markt 24, 99817 Eisenach, Tel. 036 91/792 30, www.eisenach.info, Mo–Fr 9–17, Sa, So 10–17 Uhr

Burg (1067) und Stadt (1180) – die Geschichte der einen wäre ohne die der anderen unvollständig. Martin Luther (1521) mit seiner Bibelübersetzung findet sich darin genauso wieder wie das Wartburgfest (1817), das Eisenacher Gründungsprogramm der Sozialdemokratie (1869) und der erste »Grüne Tisch« der Wendezeit.

In der Kirche St. Georgen heiratete die ungarische Königstocher Elisabeth (später heilige Elisabeth von Thüringen) 1221 mit 14 Jahren, und J. S. Bach wurde hier getauft. Martin Luther sang als Chorschüler und predigte, kurz bevor er zu seinem Schutz auf die Wartburg gebracht wurde. Und außerdem musizierte hier über 132 Jahre lang die Bachfamilie.

Sehenswert

Lutherhaus

| Museum |

Von 1498 bis 1501 ging Luther in die Lateinschule St. Georg und lebte im Haus der Ratsfamilie Cotta. Das heutige Museum zeigt die multimediale Ausstellung »Luther und die Bibel« sowie das Evangelische Pfarrhausarchiv.

■ Lutherplatz 8, April–Okt. tgl. 10–17, Nov.–März Di–So 10–17 Uhr, www.lutherhaus-eisenach.de, 10 €, erm. 6 €

Bachhaus

| Museum |

7 *Zu Ehren des großen Meisters Johann Sebastian Bach*

Das Haus widmet sich dem großen Musiker des Barock, J. S. Bach, der 1685 in Eisenach geboren wurde. Das Bachhaus zählt zu den größten Musikermuseen Deutschlands. Stündlich wird ein kleines Konzert auf fünf barocken Tasteninstrumenten gegeben. Installationen wie das »Begehbare Musikstück« gestalten Bachs Musik zum Erlebnis.

■ Frauenplan 21, www.bachhaus.de, tgl. 10–18 Uhr, 10 €, erm. 6 €, unter 6 J. frei

Automobile Welt Eisenach

| Museum |

Zu den auf Hochglanz polierten Schaustücken gehören ein Rennwagen aus DDR-Produktion, ein Dixi 3/15 oder der Wartburg 311.

■ Friedrich-Naumann-Str. 10, www.awe-stiftung.de, April–Okt. Di–So 10–18, Nov.–März Di–So 11–17 Uhr, 9 €, erm. 4 €, bis 6 J. frei

Kartausgarten

| Botanischer Garten |

Der älteste botanische Garten der Wartburgstadt Eisenach liegt im denkmalgeschützten Villengebiet der Vorstadt. Hier fasziniert besonders das Teezimmer (1825) im Hofgärtnerhaus des einstigen Klosters.

■ Anmeldung unter Tel. 036 91/74 32 93

Burschenschaftsdenkmal

| Aussichtsturm |

Den 33 m hohen Rundtempel stifteten die deutschen Burschenschaften 1902. Das monumentale Bauwerk erinnert an das Wartburgfest der Burschenschaften 1817 und an die gefallenen Burschenschafter des Deutsch-Französischen Kriegs. Von sechs Balkonen hat man einen schönen Panoramablick auf den Thüringer Wald, die Hörselberge, Eisenach und die Wartburg.

■ An der Göpelskuppe 1, www.burschenschaftsdenkmal.de, März–Okt. tgl. 10–18, Nov.–Feb. tgl. 10–16 Uhr, 3 €, erm. 2 €

Wartburg

| Burg |

4 *Die feudalistische Burg Europas und wohl eine der berühmtesten*

1080 errichtet, steht sie trotz vieler späterer Überformungen typisch für ihre Epoche auf der UNESCO-Welterbeliste und für 1000 Jahre deutsche Geschichte. Schanze, Ritterhaus, Landgrafensaal und Sängersaal stehen zur Besichtigung. Genauso die Elisabeth Kemenate aus Mosaiksteinchen oder die Lutherstube, in der Luther die Bibel ins Deutsche übersetzte. Das Wartburgmuseum zeigt Werke von Cranach und Dürer sowie höfische Kult- und Gebrauchsgegenstände. Fantastischer Ausblick vom Bergfried. Wie vor 150 Jahren können Kinder im Sommer und bei gutem Wetter mit dem Esel hoch zur Wartburg reiten (Anmeldung unter Tel. 036 91/21 04 04).

■ Auf der Wartburg 1, www.wartburg.de, April–Nov. 9.30–17, Dez.–März 9–17 Uhr, Burgtor bis 20 Uhr geöffnet, 12 €, erm. 5–8 €, bis 6 J. frei, Parkplatz unterhalb der Wartburg 5 €

Drachenschlucht bei Eisenach

| Wanderweg |

8 *Abenteuer auf 2,5 km unterhalb der Wartburg*

Bis zu 10 m hoch türmen sich die Felsen über dem Wanderer, wenn er 2,5 km und 1,5 Std. auf Holzplanken über den rauschenden Bach der Schlucht läuft. Nach dem Durchqueren geht's weiter über die Sängerwiese zur Wartburg oder zurück.

Die Lutherstube auf der Wartburg bot dem Reformator von 1521 bis 1522 Unterschlupf

Burgruine Gleichen (links) und Mühlburg (rechts) gehören zu den Drei Gleichen

10 Waltershausen und Friedrichroda

Sommerfrische für Gothas High Society und viel Renaissance nebenan

Information

■ Kur- und Tourismusamt Friedrichroda, Hauptstr. 55, 99894 Friedrichroda, Tel. 036 23/332 00, www.friedrichroda.de, Mo–Do 9–17, Fr 9–18, Sa 9–12 Uhr

Seit 1929 fährt die Thüringerwaldbahn von Waltershausen über Friedrichroda nach Gotha und zurück. Damals brachte sie die Reichen in die Sommerfrische, heute Touristen.

Sehenswert

Schloss Tenneberg
| Museum |
Die mittelalterliche Burganlage mit reich dekorierten Barocksälen erzählt neben der Stadtgeschichte, Volkskunde auch viel über die traditionelle Puppenherstellung in der Stadt und der Welt. Von Bruno bis Biggi – Waltershäuser Puppen zwischen etwa 1900 und 2002 aus Celluloid, PVC und Biggidur sind zu sehen. Benediktinerpfad und Zöglingsweg führen dorthin.

■ Waltershausen, April–Okt. Mi–So 10–17, Nov.–März Mi–So 10–16 Uhr, 5 €, erm. 1 €, Fam. 8 €

Marienglashöhle
| Schaubergwerk |
In den Tiefen des Berges, wo einst Gips abgebaut wurde (1778–1903), befindet sich heute das 150 Jahre alte Schaubergwerk. Hier glänzen unzählige Kristalle um die Wette. Auf jeden Fall einen Besuch wert!

Gefällt Ihnen das?

Wenn Sie von der **Marienglashöhle** fasziniert sind, sollten Sie unbedingt in die **Feengrotten** (S. 78) und die **Barbarossahöhle** (S. 110) hinabsteigen.

■ B88, Friedrichroda, Tel. 036 23/31 16 67, www.marienglashoehle-friedrichroda.de, April–Okt. 10–17, Nov.–März 10–16 Uhr, 7,50 €, erm. 4 €, bis 6 J. frei

Restaurants

€€ | Berggasthof Stöhr Original Thüringer Küche mit Panoramablick.
■ Großer Inselsberg, Tel. 036840/32425, www.berggasthof-stoehr.de

In der Umgebung

Schloss Ehrenstein
| Museum |
Bach-Liebhaber erfahren in der vierflügeligen Renaissanceanlage mehr über die Ohrdrufer Bach-Familie, auch über J. S. Bach. Eine einzigartige Bahrtüchersammlung ist hier ebenfalls zu bestaunen.
■ Schlossplatz 1. Tel 036 24/40 23 29, www.ohrdruf.de, Mi–Fr 10–16, Sa, So 10–17 Uhr, 12 €, erm. 10 €, Kinder bis 10 J. frei

11 Drei Gleichen

Eine Sage vereint Ungleiches, was von jeher zusammengehört

Information

■ Touristinformation Kulturscheune Mühlberg, Thomas-Müntzer-Str. 4, 99869 Mühlberg, Tel. 036256/22846, www.drei-gleichen.de, Mi–So 10–16/17 Uhr

Das Burgentrio Burg Gleichen, Mühlburg und Wachsenburg hat äußerlich wenig gemeinsam. Doch die Sage vom Einschlag eines Kugelblitzes 1231, der alle drei gleichzeitig traf, hält sich bis heute. Der am Bahnhof Wandersleben beginnende Gustav-Freytag-Wanderweg verbindet die Burgen auf einer abwechslungsreichen Route bis zur Endstation Bahnhof Haarhausen (erst Ausschilderung Burg Gleichen/Freudenthal, dann Kennzeichnung blauer Balken auf weißem Grund).

Im Blickpunkt

Großer Inselsberg und Trusetaler Wasserfall

In Brotterode, knapp 20 km südwestlich von Waltershausen, starten zwei besonders schöne Rundwanderwege. Der erste führt auf den Inselsberg (916,5 m, 4 Std., ca. 10 km, 350 Höhenmeter) über den 1 km langen, aber recht steilen Anstieg zum Gipfel mit Blick vom 21 m hohen Aussichtsturm (tgl. 10–16 Uhr). Der zweite erschließt den Trusetaler Wasserfall (Grüner Punkt, 4,5 Std., 14,5 km, 250 Höhenmeter, mit dem Auto Parkplatz am Wasserfall an der L 1024 zw. Trusetal und Brotterode).
Kostenlose Tourenkarten bietet der Tourismusverein.

Sehenswert

Burg Gleichen
| Burgruine |
Die Burg der Grafen Weimar-Orlamünde (11. Jh.) steht an der mittelalterlichen Handelsstraße Erfurt–Nürnberg. Die Meißener Landgrafen gehörten einem mächtigen Feudalgeschlecht an und standen stets im Widerspruch zur kaiserlichen Zentralgewalt. Mauerring und Bergfried, Reste des romanischen Palais und eines Herrenhauses im Renaissancestil existieren noch.

ADAC Spartipp

Wer auf dem **Arnstädter Wollmarkt** (seit 1850) eins der 10 000 gelben Fähnchen ergattert, erhält am Fähnchentag, dem letzten Marktsonntag, einen Nachlass von 50 % auf alle Fahr- und Eintrittspreise und 20 % auf alle Waren.

Vom Wanderparkplatz Gleichen führt ein Waldweg (zu Fuß ca. 30 Min.) rund um den Burgberg hoch zur Ruine.

■ Thomas-Müntzer-Str. 4, Wandersleben, Führungen nach Anmeldung unter Tel. 03 62 02/824 40, www.drei-gleichen.de, April–Okt. Mi–So 10–17, Nov.–März 10–16 Uhr, 3 €, erm. 2 €

Mühlburg

| Museum |

Die Mühlburg auf einem 375 m hohen Sporn der Schlossleite über dem Dörfchen Mühlberg gilt als älteste Burg der Drei Gleichen und zugleich als ältestes erhaltenes Bauwerk Thüringens. In den Museumsräumen der Burg geht es um regionale Geschichte und Geologie. Herrliche Aussicht vom Turm.

■ Thomas-Müntzer-Str. 4, Mühlberg, Tel. 01 60/225 09 18, März–Okt. Mo–Fr 10–17, Sa, So 10–18 Uhr, 1,20 €, erm. 0,60 €

Der 24 m hohe Aussichtsturm auf dem Ilmenauer Hausberg Kickelhahn

Veste Wachsenburg

| Burg |

Die Burg wurde oft zerstört, um- und ausgebaut. Bergfried und eckiger Hohenloheturm entstanden 1905 und sind nur auf Anfrage zu besichtigen. Hinter der niedrigen Ringmauer ergibt sich ein grandioses Panorama. Heute gibt es auf dem Berg auch ein Restaurant mit Biergarten und ein Hotel.

■ Veste Wachsenburg 1, Amt Wachsenburg, Tel. 036 28/742 40, www.veste-wachsenburg.de, Mi–Sa 11–20, So 11–16 Uhr

12 Arnstadt

Bach und Barock konzentriert in der ältesten ostdeutschen Stadt

Information

■ Touristinformation Arnstadt, Markt 1, 99310 Arnstadt, Tel. 036 28/60 20 49, www.arnstadt.de, Mo–Fr 10–18, Sa 10–15.30 Uhr

Auch dem 704 gegründeten Arnstadt brachte der Waidhandel im Mittelalter Reichtum. Besonders stolz ist Arnstadt auf seine enge Verbindung zur Familie Bach, speziell Johann Sebastian Bach (1685–1750), von dem auch ein Denkmal aus DDR-Zeiten provoziert. In der Bachkirche wirkte er als junger Organist. Die doppelte Orgelanlage über die gesamte Rückwand ist gestalterisch wie akustisch sensationell.

Sehenswert

Liebfrauenkirche

| Architektur |

Die dreischiffige Basilika zählt zu den bedeutendsten Sakralbauten Thüringens. Seine Prunkstücke sind der filigrane goldgefasste Schnitzaltar von 1498 und die Skulptur der »Schönen Madonna« von Arnstadt (um 1420).

■ An der Liebfrauenkirche 2, www.arnstadt.de, Mo–Sa 11–15, So 14–16 Uhr

Schlossmuseum

| Ausstellung |

Mehrere Ausstellungen unter einem Dach: die Miniaturwelt Mon Plaisir, die Ausstellung zum jungen Bach und eine Porzellan- und Kristallsammlung. Neueste Attraktion: das Schmelzzimmer im Neuen Palais mit einer von weltweit drei Wandbespannungen.

■ Schlossplatz 1, www.arnstadt.de, Di–So 10–17 Uhr, 6 €, erm. 3,50 €, Fam. ab 12 €, bis 6 J. frei

Restaurants

€€ | **Tanya Harding** Von Asien bis Wild mit kanadischem Touch. ■ Schulgasse 1, Tel. 036 28/66170 99, www.tanyaharding.de, Di–Do 11.45–14.30 und 18–21, Fr bis 22, Sa nur 18–22 Uhr

13 Ilmenau

Wie einst Goethe hoch hinauf wandern und den Ausblick genießen

Information

■ Ilmenau-Information, Am Markt 1, 98693 Ilmenau, Tel. 036 77/60 03 00, www.ilmenau.de, Mo–Fr 10–17, Sa 9–13 Uhr

In der einst vom Erzbergbau bestimmten Stadt verlässt die Ilm die Berge des Thüringer Waldes und sucht sich ihren Weg zur Saale. Dichte Fichtenwälder mit vielen Wanderwegen umgeben die Stadt. Selbst Goethe wanderte zum 861 m hohen Kickelhahn.

Sehenswert

GoetheStadtMuseum

| Museum |

Wertvolle Sammlung von Archivalien und Büchern zu Goethe und dem Ilmenauer Bergbau. Die Ausstellungen thematisieren Goethes Engagement für Ilmenaus Wirtschaft, die Tradition der Porzellanherstellung, der Kur- und Badebetrieb sowie die technische Glasindustrie. Auch kulturgeschichtliche und kunsthandwerkliche Objekte.

Im Blickpunkt

Goethewanderweg

Der 20 km lange Wanderweg führt von Ilmenau nach Stützerbach und passiert dabei Schwalbenstein, wo Goethe den vierten Akt der »Iphigenie auf Tauris« verfasste. Von Manebach geht es hinauf zum 861 m hohen Kickelhahn, dem Hausberg Ilmenaus, mit 24 m hohem Aussichtsturm und gleichnamiger Gaststätte (Tel. 036 77/20 20 34, tgl. 10–18 Uhr). Nach Hirtenwiese und Knöpfelstaler Teich kommt Stützerbach. Das Haus des Glashüttenbesitzers, bei dem Goethe Quartier nahm, ist heute auch Goethemuseum.

Museum: Sebastian-Kneipp-Str. 18, Stützerbach, www.goethehaus-stuetzerbach.de

■ Am Markt 1, Tel. 036 77/60 02 11, www.ilmenau.de, Mi–So 10–16 Uhr, 3 €, erm. 1,50 €, bis 14 J. frei

Kunstwanderweg Kleinbreitenbach

| Freiluftausstellung |

9 *50 Kunstobjekte auf 2 km Wanderweg sind ein Erlebnis*

Schöne Synthese von Kunst und Natur bei Kleinbreitenbach. Seit 1997 kommen jährlich – seit 2006 alle zwei Jahre – neue Werke von Künstlern aus aller Welt sowie von Kindern und Jugendlichen dazu und gewähren wundervolle Ein-, Aus- und Durchblicke in die Gegend. Der Wanderweg ist durch einen Mensch mit nach oben gestreckten Armen markiert. ■ www.kunstwanderweg-kleinbreitenbach.de

14 Kloster Paulinzella

Ort der stillen Einkehr – heute wie damals eine viel besuchte Stätte

Information

■ Touristinformation Paulinzella, Paulinzella 3, 07426 Königsee-Rottenbach, Tel. 03 67 39/311 43, www.königsee-rottenbach.de, April–Okt. Mi–So 10–17 Uhr

Die Benediktinerinnen liebten Paulinzella und setzten hier ihr Kloster hin. Vom 1102 gegründeten Kloster gibt es heute nur noch eine imposante romanische Ruine. V. a. im August beim Kulturfestival (www.kulturfestival-paulinzella.de), bei dem auch Konzerte und Theateraufführungen stattfinden, ist ein Besuch zauberhaft. Auf dem Gelände befindet sich ein Museum zur Kloster-, Forst- und Jagdgeschichte (April–Okt. Fr–So 10–17 Uhr).

15 Oberweißbach

Die kinderfreundliche Stadt wie eh und je macht Fröbel alle Ehre

Information

■ Touristinformation Oberweißbach, Markt 10, 98744 Oberweißbach, Tel. 03 67 05/621 23, www.oberweissbach.de, Mo–Fr 10–12 und 13–17, Sa, So 13–16 Uhr, Nov.–April Sa geschl.

Oberweißbach auf einer Hochebene im Süden des Thüringer Waldes animiert zu gemütlichen Wanderungen, z. B. vom Fröbelhaus zum 785 m hohen Kirchberg. Dort oben lädt der Fröbelturm zur Aussicht ins Weißbachtal.

Sehenswert

Memorialmuseum Friedrich Fröbel

| Ausstellung |

Eine kleine Schau im Geburtshaus des Pädagogen, dem heute der Kindergarten zu verdanken ist. Sie informiert auch über Kräuteröle und Heilmittel, mit denen die Oberweißbacher einst Geld verdienten. Fröbel-Spielzeug und Naturheilmittel stehen zum Verkauf. ■ Markt 10, www.friedrich-froebel-online.de, Mo–Fr 10–12 und 13–17, Sa, So 13–16 Uhr, Nov.–April Sa geschl., 3 €, erm. 2 €, bis 14 J. frei

Verkehrsmittel

Oberweißbacher Bergbahn Wer spektakulär in den Ort will, überwindet mit der seilgezogenen Breitspurbahn 322 Höhenmeter und genießt dabei im Sommer noch Cabriowaggonfeeling. ■ www.oberweissbacher-bergbahn.com, Tagesticket 15 €, erm. 12 €, Hund 4 €

Sport

Haflinger Gestüt Meura Reitstunden, Kutschwagenfahrten und Wanderritte.
■ Ortsstr. 116, Meura, Tel. 036701/31151, www.haflinger-in-meura.de

16 Lauscha

Träume aus Glas werden hier wahr – nicht nur zur Weihnachtszeit

Information

■ Touristinformation Lauscha, Straße des Friedens 46 (im Museum für Glaskunst), 98724 Lauscha, Tel. 036702/22944, www.lauscha.de, Di–Sa 11–16, So 11–17 Uhr

Im schmalen Steinachtal, das z.T nur Platz für Straße und Bahnlinie bietet, liegt Lauscha. Bergbau verhalf dem Ort einst zur ersten Glashütte (1597) und machte ihn zur Hochburg der Glasherstellung im Thüringer Wald.

Sehenswert

Farbglashütte ELIAS
| Glasbläserei |
10 *Live – traditionelle Glaskunst auch zum Selbermachen*
In der ältesten noch existierenden Hütte gibt es von der Rosenkugel bis zum Goethewasserglas alles in oder hinter fantastischem Glas. Vom Hüttenimbiss aus kann man den Glasbäsern zusehen. Kinder ab 7 J. dürfen ihre Traumkugel selbst blasen – mit dem Glasbläser. Größere erwartet eine Hüttenrallye mit kniffligen Aufgaben.
■ Straße des Friedens 46, www.farbglashuette-lauscha.de, Mo–Sa 10–17, So 11–17 Uhr, Eintritt in die Glashütte frei, »Erlebnis Glas« 10 €

Die Oberweißbacher Bergbahn wurde nach Schweizer Vorbild erbaut

17 Sonneberg

Spielzeugstadt mit vielen schönen Erinnerungen im Museum

Information

■ Touristinformation Sonneberg, Bahnhofsplatz 3, 96515 Sonneberg, Tel. 03675/702711, www.sonneberg-tourismus.de, Mo–Do 9–17, Fr bis 15, Sa bis 12 Uhr

Sonneberg und Spielzeugtradition sind nicht zu trennen. Leider stellen heute nur noch wenige am Ort Spielzeuge her. Doch viele Stätten erzählen davon, z.B. das Deutsche Spielzeugmuseum. 5000 Spielzeuge sind in der einstigen Industrieschule für Spielzeugmacher von 1901 zu sehen.

Übernachten

Der Thüringer Wald bietet urige Hotels im Arnstädter Fachwerk, auf den höchsten Gipfel am Rennsteig in Trusetal, in den alten Gemäuern der Wartburg oder in anderen Burgen. Traditionelle und außergewöhnliche Ideen vom typischen Berghotel mit Ausblick über Feng-Shui-Hütten bis hin zu Übernachtungen im Bierfass ist alles möglich – meist zu erschwinglichen Preisen. Naturliebhaber wie Wellnessfreaks, Romantiker wie Aktivurlauber kommen auf ihre Kosten und finden das passende Angebot zwischen Eisenach und Sonneberg.

Eisenach 52

€ | Haus Hainstein Wohnen in Gründerzeitvilla mit vorzüglicher Küche. ■ Am Hainstein 16, 99817 Eisenach, Tel. 036 91/24 20, www.haushainstein.de

€€ | Hotel auf der Wartburg Elegantes Hotel auf dem Burgberg. ■ Auf der Wartburg 2, 99817 Eisenach, Tel. 036 91/ 79 70, www.wartburghotel.de

€€ | Steigenberger Thüringer Hof Selbst äußerst anspruchsvolle Gäste sind zufrieden und genießen die stilvolle Gastlichkeit. ■ Karlsplatz 11, 99817 Eisenach, Tel. 036 91/280, www.steigenberger.com

€€€ | Boutique-Hotel Villa Anna Moderne Extravaganz und eine besondere Atmosphäre sind für einen Tag im Urlaub schon mal drin. ■ Fritz-Koch-Str. 12, 99817 Eisenach, Tel. 036 91/239 50, www.hotel-villa-anna.de

Waltershausen und Friedrichroda 54

€ | Waldhotel Friedrichroda Familienbetrieb mit Jazz, Klassik und Volksmusik im Park, ab und an mit dem »Singenden Wirt«. ■ Im Grund 5, 99894 Friedrichroda, Tel. 036 23/334 30, www.waldhotel-friedrichroda.de

€ | Waldhotel Rennsteighof Ruhig und direkt am Wald gelegen, idealer Ausgangspunkt zum Wandern auf dem Rennsteig. ■ Liebensteiner Str. 108, 99891 Waltershausen, Tel. 03 69 29/60 20, www.rennsteighof.de

€€ | Schlossgartenpassage Freundliches Haus in Schlossnähe mit Wellnessbereich auf dem traditionsreichen Boden der einstigen Werkstatt des legendären Ohrdrufer Schaukelpferdes. ■ Arnstädter Str. 8–10, 99885 Ohrdruf, Tel. 036 24/31 47 82, www.schlossgartenpassage.de

€€ | Waldschlösschen Stilles familiär geführtes Hotel am Wald. Schöne Terrasse. ■ Gehegsweg 12, 98599 Brotterode, Tel. 03 68 40/322 63, www.landhotel-waldschlösschen.de

Trusetal 55

€€ | Hohe Klinge Schlafen in komfortablen Finnhütten in freier Natur. ■ Hohe Klinge 3, 98596 Trusetal, Tel. 03 68 40/803 31, www.hohe-klinge.de

Drei Gleichen 55

€ | Veste Wachsenburg Komfortable Zimmer in schlichter Burg. In der Ritterschänke werden regionale und internationale Spezialitäten serviert. ■ Auf dem Burgberg, 99334 Holzhausen, Tel. 036 28/742 40, www.veste wachsenburg.de

Arnstadt 56

€ | Hotel Krone am Bahnhof Gutes Preis-Leistungs-Verhältnis, nur 10 Min. vom Zentrum entfernt. ■ Am Bahnhof 8, 99310 Arnstadt, Tel. 036 28/770 60, www.krone-2000.de

€ | Thüringer Kloßhotel »Goldene Henne« Besinnliche und fröhliche Stunden im familiengeführten Hotel. Hier verkehrte schon die Familie Bach. ■ Ried 14, 99310 Arnstadt, Tel. 036 28/ 58 95 60, www.henne-arnstadt.de

Ilmenau 57

€€ | Berg- und Spa-Hotel Gabelbach Romantikhotel am Fuße des Kickelhahns. ■ Am Gabelbach 1, 98693 Ilmenau, Tel. 036 77/86 00, www.hotel-gabelbach.de

€€ | Hotel Melanie Im Grünen nahe dem Stadtzentrum. ■ Heinrich-Heine-Str. 3, 98693 Ilmenau, Tel. 036 77/67 01 45, www.hotel-melanie-garni.de

ADAC Das besondere Hotel

Ankerla-Fassdorf Die seit Generationen familiengeführte Brauerei Ankerbräu in Steinach bietet gemütliche Bierfässer zum Übernachten an. Neben drei Schlaffässern gibt es auch ein Sauna- und ein Sanitärfass mit Dusche und Toilette. Die außergewöhnliche Alternative zum klassischen Hotelzimmer.
€ | Steinbächlein 6 a, 96523 Steinach, Tel. 036 762/312 51, www.ankerla.de

Gäste können wie einst Martin Luther auf der Wartburg übernachten

Oberweißbach 58

€ | Flair Hotel Waldfrieden Gute Atmosphäre in parkartiger Umgebung. ■ Meuselbach-Schwarzmühle, 98746 Meuselbach, Tel. 036 705/610 00, www.thueringenhotels.de

€ | Landhotel Zum Hirsch Freundlicher Service und Radverleih. ■ Lichtetalstr. 20, 98744 Unterweißbach, Tel. 03 67 30/224 08, www.landhotel-zum-hirsch.de

Lauscha 59

€ | Beck Hotel im schieferverkleideten Fachwerkhaus. ■ Bahnhofstr. 30, 98724 Lauscha, Tel. 036 702/208 00, www.hotel-gasthof-waldblick.de

Sonneberg 59

€ | Spielzeug Hotel Sonneberg Übernachten wie in der Puppenstube. ■ Wiesenstr. 4, 96515 Sonneberg, Tel. 036 75/420 49 99, www.spielzeughotel-sonneberg.de

€€ | Hotel Hüttensteinach Thüringer Gastlichkeit am Rande der Stadt. ■ Steinacher Str. 118, 96515 Sonneberg, Tel. 036 75/408 00, www.hotel-huettensteinach.de

Werratal

Residenzen, Fachwerk und märchenhafte Täler im Wechsel mit viel Erlebnis unter Tage und im Biosphärenreservat

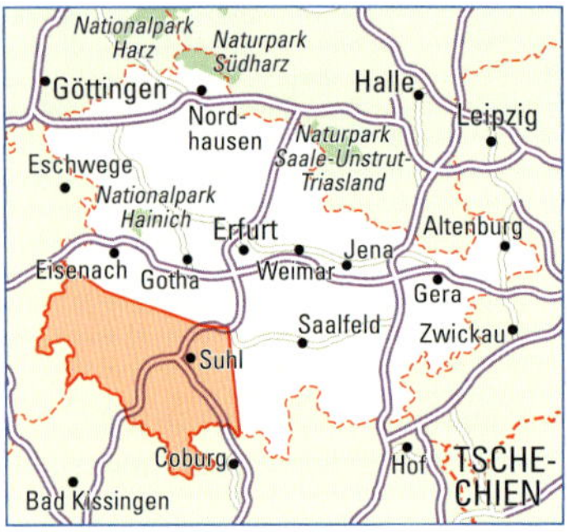

Die vielen Städte des Werratals zeugen heute noch von den einstigen Kleinstaaten des 17. Jh. Überall gibt es Burgen, Schlösser, Kirchen und frühere Adelshäuser zu entdecken – zu Fuß, per Kanu oder auf dem Werratal-Radweg. Sportliche Radler schaffen den Thüringer Teil der Strecke an nur einem Tag. Wer jedoch die vielen Sehenswürdigkeiten unterwegs wie die Brandenburg, die Liboriuskapelle oder die historische Stadtmauer von Treffurt kennenlernen will, sollte natürlich mehr Zeit einplanen.

Für konkrete Auskünfte gründete sich extra der Werratal Touristik Verein in Bad Salzungen, den man unter Tel. 036 95/861459 oder www.werratal.de erreichen kann.

In diesem Kapitel:

ADAC Top Tipp:

5 Erlebnis Bergwerk Merkers
| Bergwerk |
Tief unter der Erde verzaubert das Schau- und Erlebnisbergwerk mit seinen unsagbaren Schätzen der Natur und erzählt über die Tradition des Kalibergbaus. 71

ADAC Empfehlungen:

11 Waffenmuseum, Suhl
| Museum |
600 Jahre alt ist das Suhler Kunsthandwerk des Waffenschmiedens. Das einzige europäische Spezialmuseum für Handfeuerwaffen zeigt verschiedene Prunkwaffen. 68

12 Rennsteigbahnhof, Schmiedefeld
| Industriedenkmal |
Der höchstgelegene Bahnhof im Thüringer Wald erwartet die Besucher zur Besichtigung und lädt auch ab und an zu Sonderfahrten mit der Rennsteigbahn ein. 69

Ranger-Wanderung, Schmiedefeld

| Nationalpark |

Beim Wandern durch die über 300 km² große »Nachhaltige Modellregion«, das UNESCO-Biosphärenreservat Thüringer Wald, zwischen Ilmenau, Schleusingen und Suhl kreuzt man den Rennsteig, trifft nicht nur auf Artenvielfalt, sondern auch auf die schönsten Wiesen und die höchsten Berge der Region. 69

Schmalkalden

| Altstadt |

Die typische Thüringer Fachwerkstadt gleicht einem mittelalterlichen Freilichtmuseum und versprüht auch dieses Gefühl, wenn man durch die alten Gassen spaziert und vor dem Rathaus, der Salzbrücke oder den alten Schlössern steht. 70

Schloss Bertholdsburg liegt am westlichen Rand der Altstadt Schleusingens

18 Hildburghausen

Die Kleinstadt vor denkmalgeschützter Kulisse hinterlässt viele Eindrücke

Information

■ Touristinformation, Markt 25, 98646 Hildburghausen, Tel. 036 85/774-0, www.hildburghausen.de, Mo, Fr 10–14, Di 13–18, Do 10–18 Uhr

Die kleine Stadt überrascht mit viel Barock und Geschichten – vom Aufstieg des kleinen Ackerbürgerstädtchens bis hin zur Residenzstadt. Herzöge kommen darin vor, aber auch Bayern-Königin Therese und Meyers Lexikon. Zu DDR-Zeiten war Hildburghausen Grenzstadt, zeitweilig befand sich auf dem Stadtgebiet sogar ein Schlagbaum.

Sehenswert

Rathaus und Türmerwohnung

| Aussichtspunkt |

Im begehbaren Treppenturm des historischen Rathauses informiert eine kleine Ausstellung über dessen Baugeschichte und die Türmerwohnung im oberen Stockwerk (bis 1919).

■ Markt 25, Tel. 036 85/40 36 89, www.museum-hildburghausen.de, geöffnet nach vorheriger Vereinbarung, 3,50 €, erm. 2 €, bis 6 J. frei

Stadtmuseum

| Ausstellung |

Die Attraktion im Haus des Baudenkmals Alte Post ist die Erstausgabe des Konversationslexikons Joseph Meyers, einem der erfolgreichsten Verleger des 19. Jh. Eine Dauerausstellung zur Geschichte Hildburghausens beginnt bei der ersten urkundlichen Erwähnung 1234 und reicht über das Technikum in der »Stadt der Schulen« bis zum Alltagsleben im 20. Jh.

■ Apothekergasse 11, www.museum-hildburghausen.de, Mi–Fr 10–17, Sa, So 13–17 Uhr, 3,50 €, erm. 2 €

Schlosspark

| Park |

Im Schloss Hildburghausen herrschten bis 1826 die Herzöge von Sachsen-Hildburghausen. Die von einem künstlichen Kanal umgebene barocke Parkanlage nach französischem Vorbild wurde um 1800 zu einem englischen Garten umgestaltet. Das Schloss wurde Ende der 1940er-Jahre abgerissen. Nur der Park im englischen Stil blieb erhalten.

■ Clara-Zetkin-Straße, www.thueringer-wald.com, frei zugänglich

Bühne

Naturtheater Steinbach-Langenbach

Eines der größten und attraktivsten seiner Art in Deutschland. ■ Straße zum Naturtheater 5, Tel. 03 68 74/385 36, www.theater-im-gruenen.de

19 Schleusingen

Die Henneberger-Grafen-Residenz von einst erinnert auch an Elisabeth

Information

■ Touristinformation Schleusingen, Markt 6, 98553 Schleusingen, Tel. 03 68 41/347 70, www.schleusingen.de, Mo, Di, Do 9–16.30, Fr 9–12 Uhr

Über 300 Jahre regierte das Henneberger Adelsgeschlecht in Schleusingen und beeinflusste das Stadtbild. Viele Häuser im fränkisch-hennebergischen Fachwerkstil sind wunderschön anzusehen. Das Standbild der Elisabeth von Henneberg auf dem Marktbrunnen nahe dem historischen Rathaus ehrt die Gemahlin des letzten Henneberger Grafen. Sie verkaufte das heutige Rathaus an die Stadt und stiftete den Erlös den Armen.

Sehenswert

Schloss Bertholdsburg

| Ausstellung |

Das Renaissanceschloss zeigt eine Ausstellung zur Burg- und Stadtgeschichte der 300-jährigen Grafenresidenz sowie zur Handwerkstradition im Henneberger Land. Besonders sehenswert ist die Sammlung edelsteinbesetzter Tabakdosen.

■ Burgstr. 6, www.museum-schleusingen.de, Di–Fr 9–17, Sa, So 10–18 Uhr, 6 €, erm. 4 €, Fam. 14 €

20 Themar

Romantisches mittelalterliches Städtchen am Ufer der Werra

Information

■ Touristinformation Themar, Schuhmarkt 4, 98660 Themar, Tel. 03 68 73/697 32, www.themar.de, Mo, Fr 9–12 und 13–18, Di, Do 13–18 Uhr

Das historische Rathaus (1711), St. Bartholomäus (1502) und opulentes Fachwerk wie das Amtshaus am Schuhmarkt mit kleiner Heimatstube (Tel. 03 68 73/603 15, Öffnung auf Anfrage) gefallen jedem. Ein Stadtrundgang durch die Innenstadt lohnt sich und führt auch über die Werrabrücke zum

Hexen-, Schloss- und Pulverturm. Um mehr über sie zu erfahren, kann man sich Multimediageräte in der Tourist-Information für nur 3 € ausleihen.

Sehenswert

Kloster Veßra – Hennebergisches Museum

| Freilichtmuseum |

Heute steht, umgeben von Klostermauern, ein riesiges Freiluftmuseum mit Fachwerkhäusern, Wassermühle und Schmiede. Ehemalige Scheunen und Stallungen integrieren Ausstellungen über die Geschichte der Klostergründer Henneberg. Kleinod ist die romanische Grabkapelle der Grafen.

■ Kloster Veßra, www.museumklostervessra.de, Mai–Sept. tgl. 9–18, Okt.–April Di–So 10–17 Uhr, 6 €, erm. 4 €

In der Umgebung

Kirchenburg Vachdorf

| Burg |

Gut erhaltene, dörfliche Verteidigungsanlage mit hohen Ringmauern der Kirchenburg, Torturm und Hutturm. Fachwerkhäuser rundherum.

■ Landstraße, Vachdorf, www.werra-burgen-steig.de, frei zugänglich

21 Meiningen und Wasungen

Herzog bringt Kultur in die Provinz und zelebriert das Theater

Information

■ Touristinformation Meiningen, Ernestinerstr. 2, 98617 Meiningen, Tel. 036 93/446 50, www.meiningen.de, Mo–Fr 10–17, Sa 10–15 Uhr

ADAC Mittendrin

Einmal im Jahr regieren in Wasungen die Narren. Laut einer Stadtrechnung für Bier bereits seit 1524. Tausende kommen zum **Karnevalsumzug** am Samstag.

■ Touristinformation Damenstift Wasungen, Untertor 1, 98634 Wasungen, Tel. 03 69 41/715 05, www.wasungen.de, Mo–Fr 10–12 und 13–16, Sa 10–12, So 14–16 Uhr

Die 1000-jährige Residenzstadt Meiningen des Herzogtums Sachsen-Meiningen präsentiert sich mit herrlichem Schloss, Palais, herzoglichen Parkanlagen, kleinen Gassen, Fachwerk und exquisiter Theaterkunst.

Als Vuasung 874 erstmalig urkundlich erwähnt, zählt Wasungen zu den ältesten Städten der Region. Jahrhundertealte Bauten zeugen von ihrer mittelalterlichen Blütezeit.

Sehenswert

Schloss Elisabethenburg

| Sammlung |

Das Schloss beherbergt die herzogliche Kunstsammlung mit 500 Gemälden und Grafiken aus ganz Europa sowie das weltberühmte Museum zur Geschichte des Meininger Theaters. Zudem existiert hier eine beachtliche Sammlung historischer Musikinstrumente und sogar ein eigenes Klangstudio im Musikmuseum. Im Turmcafé im Hessensaal gibt es feinste Torten, Eis und Imbiss im Barock. ■ Schlossplatz 1, Meiningen, www.meiningermuseen.de, April–Sept. Di–So 10–18, Okt.–März Di–So 11–17 Uhr, 6 €, erm. 4,50 €, Fam. ab 13 €, Audioguide verfügbar, bis 6 J. frei

Englischer Garten

| Park |

Der Park entstand 1782/83 im Auftrag von Georg I. von Sachsen-Meiningen und orientierte sich am Stil eines englischen Landschaftsparks. Denkmale für den Dichter Jean Paul, für den Komponisten Max Reger und das weltweit erste Denkmal für den Komponisten Johannes Brahms sowie Bechstein- und Schwanen-Brunnen.

■ Bernhardstr. 6, Meiningen, www.meiningen.de, ganzjährig frei zugänglich

Schiller-Museum

| Museum |

Im Wohnhaus des einstigen Rittergutes Bauerbach fand Schiller von Dezember 1782 bis Juli 1783 Asyl nach seiner Flucht aus Stuttgart. Zu sehen sind erste Entwürfe zu »Don Carlos« und »Kabale und Liebe«.

■ Friedrich-Schiller-Str. 1, Bauerbach bei Meiningen, www.klassik-stiftung.de, März–Okt. Fr–So 13–17 Uhr, 4 €, erm. 3 €, bis 16 J. frei

Damenstift

| Stadtmuseum |

Bernhard Marschalk von Osteheim ließ es 1596 als Stiftshaus für verarmte adlige Damen bauen. Wundervolle Stuckdecken im Inneren. Heute befinden sich hier das Stadtmuseum und das Thüringer Karnevalsmuseum.

■ Untertor 1, Wasungen, www.wasungen.de, Di–Fr 10–12, 13–16, Sa 10–12, So 14–16 Uhr, Nov.–April So geschl., 2 €, erm. 1 ,50 €

Bühne

Meininger Staatstheater Musiktheater, Schauspiel, Konzerte und Puppentheater. ■ Bernhardstr. 5, Tel. 036 93/ 45 12 22, www.meininger-staatstheater.de

Wandern

Schillerwanderweg Auf 10,5 km in ca. 3 Std. geht es vom Meininger Schlossplatz nach Bauerbach und von dort aus weiter zur Ruine der Henneburg. ■ www.meiningen.de

Eine Augen- und Gaumenfreude ist das Turmcafé von Schloss Elisabethenburg

Im Blickpunkt

GutsMuths-Rennsteiglauf

Der Pädagoge und Mitbegründer des Turnens, GuthMuths (1759–1839), gab dem größten Landschafts-Cross-Lauf Mitteleuropas den Namen. Das Ereignis vereint jährlich im Mai bis zu 15 000 Läufer, Wanderer und Walker, auf insgesamt 200 km langen, unterschiedlichen Strecken quer über den Rennsteig. *Anmeldung unter www.rennsteiglauf.de*

22 Suhl

Die Stadt der Büchsenmacher und »Schwalben« ist auch ein Erholungsort

Information

■ TouristInformation Suhl, Friedrich-König-Str. 7, 98527 Suhl, Tel. 036 81/ 78 84 05, www.suhl-tourismus.de, Mo–Fr 10–18, Sa bis 16 Uhr

Die Stadt an den Hängen trägt ihren Beinamen »Staatlich anerkannter Erholungsort« zu Recht. Außerdem haben sie Waffen und Mopeds bekannt gemacht. Marktbrunnen mit steinernem Abbild eines Suhler Waffenschmieds, das Rathaus in Rot und die Marienkirche schmücken den Marktplatz.

Sehenswert

Fahrzeugmuseum

| Ausstellung |

Die über 100 Jahre alte Tradition der Stadt im Fahrzeugbau ist eng mit der Firma Simson & Co. und der Fahrradproduktion (1896) verbunden. Das Museum zeigt auf 1100 m² 220 Fahrräder, Mopeds, Motorräder und Autos. In der großen Sammlung blinken auch das DDR-Kultmoped »Schwalbe«, die Simson-Motorräder der Europa- und Weltmeister sowie der legendäre Greif-zu-Rennwagen.

■ Friedrich-König-Str. 7, www.fahrzeug-museum-suhl.de, tgl. 10–18 Uhr, 8 €, erm. 6 €, Kombikarte mit Waffenmuseum 10 €, erm. 8 €, Fam. 5 €

Waffenmuseum

| Ausstellung |

11 *Waffenschmieden ist eine Kunst und lange Thüringer Tradition*

Dass Schießgeräte durchaus Schmuckstücke sein können, beweisen die ausgestellten Prunkwaffen der vergangenen 600 Jahre, die hier auf 1000 m² zu begutachten sind. Eine der Voraussetzungen für die Waffenfertigung war die Eisenerzgewinnung, über die im Erdgeschoss informiert wird und die einen Einblick in die Arbeitswelt der Schäfter, Systemmacher und Graveure vermittelt.

■ Friedrich-König-Str. 19, www.waffenmuseumsuhl.de, tgl. 10–18 Uhr, 6 €, erm. 2 €, Kombikarte s. Fahrzeugmuseum

In der Umgebung

Bunkermuseum Frauenwald

| Museum |

Von dem geheimen Bunker der Stasi aus sollte der Bezirk Suhl im Kriegsfall geführt werden. Heute erinnert eine noch begehbare Schleuse an die DDR-Zeit.

■ Am Rothenberg 1, Frauenwald, www.oberhof.de, März–23. Dez. Mo–Fr 11–15, Sa, So 10.30–16 Uhr, 15 €, erm. 8 €

Rennsteigbahnhof, Schmiedefeld

| Industriedenkmal |

12 *Fahrt mit dem Sonderzug durch den Thüringer Wald*

Der höchstgelegene Bahnhof im Thüringer Wald, 1904–1906 erbaut, bildet das Einfallstor zum Rennsteig. Die Sonderfahrten mit der Rennsteigbahn sind ein besonderes Erlebnis, ebenso das Restaurant »Gleis 1«. ■ 1141, Tel. 036782/70666, www.rennsteigbahn.de

Erlebnispark Meeresaquarium

| Aquarium |

Die farbenprächtige Unterwasserwelt verzaubert einen. So um 15 Uhr: Fütterung der Haifische und Krokodile, danach: der tropischen Fische.

■ Beethovenstr. 16, Zella-Mehlis, Tel. 036 82/41078, www.meeresaquarium-zella-mehlis.de, tgl. 10–18 Uhr, 15 €, erm. 8 €, Fam. ab 34 €, Hunde nur mit Maulkorb

Erlebnisse

13 **Ranger-Wanderung** Im Biosphärenreservat Thüringer Wald existiert eine enorme Artenvielfalt. Ranger erzählen Interessantes zur Historie der Landschaft sowie zu Pflanzen und Tieren. ■ Informationszentrum: Brunnenstr. 1, Schmiedefeld am Rennsteig, Tel. 0361/573924622, tgl. 10–18 Uhr, Eintritt frei, Wanderung Di 10.30–13.30 Uhr

23 Oberhof

Rodeln auf winterlicher und sommerlicher Höh' bereitet gleichermaßen Spaß

Information

■ Touristinformation Oberhof, Crawinkler Str. 2, 98559 Oberhof, Tel. 036842/2690, www.oberhof.de, tgl. 9–17 Uhr

Oberhof ist aufgrund seiner Höhenlage Winter wie Sommer ein Sport- und Wanderparadies. Mit dem Bau des Brandleitetunnel (1884), der Bahnverbindung nach Erfurt, begann der Aufstieg zum Kurort.

Sehenswert

Rennsteiggarten

| Botanischer Garten |

Auf dem Pfanntalskopf (868 m) gedeihen im 7 ha großen Botanischen Garten Pflanzen aus allen Gebirgen der Erde, darunter seltene Blumenarten wie die Blauröhre, die im Himalaya erst ab 3000 Höhenmetern wächst. Am Hauptweg gibt es mehrere Spielstationen – u. a. eine begehbare Blüte –, die Kinder begeistern. ■ Am Pfanntalskopf 3, www.rennsteiggartenoberhof.de, Mitte April–Sept. 10–17, Okt. 10–16 Uhr, 9 €, erm. 3 €, Kinder unter 6 J. frei, Fam. 20 €, keine Hunde, Führung ab 20 €

Erlebnisse

Rennschlitten und Bobbahn Wenn die 1354 m lange Strecke wettkampffrei ist, dürfen sich wagemutige Gäste – in Begleitung eines erfahrenen Rennrodlers – die Piste hinabstürzen. ■ Tambacher Straße, www.twz-oberhof.de, Anmeldung unter Tel. 03685/25127, www.bob-iceraf ting.de, 33 €, erm. 29 €, Fam. ab 75 €; Bobfahren mit Weltmeistern 99 €

ADAC Mobil

Der 8 km lange **Rennsteigtunnel**, längster Straßentunnel Deutschlands, liefert besondere »Souvenirs«. Es gibt vier stationäre Blitzanlagen auf der Tempostrecke 80.

24 Schmalkalden

14 *Die ganze Altstadt steht unter Denkmalschutz*

Information

■ Touristinformation Schmalkalden, Auer Gasse 6–8, 98574 Schmalkalden, Tel. 036 83/609 75 80, www.schmalkalden.com, mind. Di–Fr 10–17, Sa 10–13 Uhr

Anfang der 1980er-Jahre begann die Instandsetzung der Schmalkaldener Altstadt. Rathaus mit »Steinerner Kemenate«, spätgotische Hallenkirche St. Georg mit Türmerstube, mittelalterliche Gebäudezeile Insel, Salzbrücke und Lutherhaus schmücken sie. Ebenso die typischen Thüringer Fachwerkhäuser und die Schlosskirche mit 400-jähriger Holzpfeifenorgel. Von Schloss Wilhelmsburg bis zum Hochofenmuseum weist die Stadt für jeden Geschmack das Passende auf.

Sehenswert

Hochofenmuseum

| Museum |

Im einstigen Hochofenwerk von 1835 sind die 1300 Jahre Eisen- und Stahlwarenproduktion nachvollziehbar.

■ Neue Hütte 1, www.hochofenmuseum.de, April–Okt. Mi–So 10–17, Jan.–März Mi–Fr 10–16, So 12–16 Uhr, 5 €, erm. 3 €

Schloss Wilhelmsburg

| Museum |

Das Juwel unter den Renaissanceschlössern: An den Wänden der Schlosskirche sind die ältesten Wandgemälde Nordeuropas zu sehen. Die Ausstellung »Aufbruch in die neue

Fachwerkhäuser am Altmarkt in der denkmalgeschützten Altstadt Schmalkaldens

Zeit« verfolgt die epochalen Veränderungen Europas nach dem Mittelalter.

■ Schlossberg 9, www.museumwilhelmsburg.de, April–Okt. tgl. 10–18, Nov.–März Di–So 10–16 Uhr, 6 €, erm. 4 €, Fam. 12 €, bis 18 J. frei

In der Umgebung

Erlebnis Bergwerk Merkers

| Bergwerk |

5 *Naturschätze und größter Bagger unter Tage*

Im ehemaligen Bergwerk Merkers führen Touren in 800 m Tiefe und zu Schätzen tief unter der Erde. Beeindruckend sind hier zudem der größte untertägige Schaufelradbagger der Welt und eine märchenhafte, 10 m hohe Kristallgrotte.

■ Zufahrtstr. 1, Krayenberggemeinde, Tel. 036 95/61 41 01, www.erlebnisbergwerk.de, Di–So 9.30–13.15 Uhr, Erw. 28 €, unter 18 J. 19 €, unter 10 J. frei

25 Bad Salzungen und Bad Liebenstein

Die reizvollen Kurorte versprechen Entspannung und Heilung

Information

■ Touristinformation Bad Salzungen, Am Flößrasen 1, 36433 Bad Salzungen, Tel. 036 95/69 34 20, www.badsalzungen.de, tgl. 10–17 Uhr

■ Touristinformation Bad Liebenstein, Herzog-Georg-Str. 64, 36448 Bad Liebenstein, Tel. 03 69 61/693 20, www.bad-liebenstein.de, Di, Do, Sa 9–14, Mi, Fr 12–17 Uhr

Beide Kurorte bieten seit Jahrhunderten Erholung- wie Heilungsuchenden dank ihrer salzhaltigen Quellen günstige Bedingungen. Schon die Meininger Herzöge kurten hier. Wer nicht gerade in Bad Salzungen kurt, dem wird der kleine Rundgang am historischen Rathaus vorbei, an der Stadtkirche, dem Amtsgericht auf den Grundfesten der alten Schnepfenburg und durch den Park rund um den Burgsee und die Kuranlagen gefallen.

Sehenswert

Stadtmuseum »Türmchen«

| Ausstellung |

Im Vorort Allendorf steht ein besonders schönes Fachwerkhaus von 1499 mit Glockenturm und Dachreiter, auch »Türmchen« genannt. Ursprünglich im Besitz des einstigen Klosters, wohnte darin der Schäfer. Heute sind die historischen Buchdruckmaschinen darin die Attraktion. Zudem erfährt man mehr über die Stadt, die 774 erstmals als »Salsunga« erwähnt wurde und sich über die Jahrhunderte zum Kur- und Urlaubsort entwickelte.

■ August-Bebel-Str. 69, Bad Salzungen, Tel. 036 95/69 34 71, nach Voranmeldung oder an jedem ersten Fr des Monats

Entspannung

In Bad Salzungen bieten Gradierwerk und Solewelt Entspannung. In der Kuranlage Bad Liebenstein bilden Brunnentempel (1816), Kurhaus mit Hotel Kaiserhof, Kurtheater und das Palais Weimar ein attraktives Ensemble.

■ Gradierwerk: Am Gradierhaus, www.gradierwerk-badsalzungen.de, tgl. 8–19 Uhr, Tageskarte 4,90 €, erm. 2,45 €; Solewelt: Am Flößrasen 1, www.keltenbad.de, Mo–Fr 11–21, Sa 10–22, So 10–21 Uhr, 14 € (3 Std.), 6-15 J. 7 €, unter 6 J. frei; Kuranlage: Esplanade 9, www.kulturhotel-kaiserhof.de

Übernachten

Wer viel wandert, Rad fährt oder mit dem Kanu unterwegs ist, möchte am Abend gemütlich einkehren und ruhig schlafen wie im Grünen Baum in Hildburghausen. Andere wiederum zieht es in die Stadt, wo das Leben pulsiert. Da ist es doch am besten, wenn man gleich ein Zimmer im Zentrum hat wie in Suhl. Wer mit Familie reist, der freut sich über Thüringer Gastlichkeit in einem gemütlichen Familienhotel. Im Werratal findet jeder das Passende.

Hildburghausen 64

€ | **Grüner Baum** Radler schätzen das direkt am Werratalradweg gelegene Haus. ■ Ebenhardser Dorfstr. 2, 98646 Hildburghausen, Tel. 036 85/40 97 93, www.hotel-hildburghausen.de

Schleusingen 65

€ | **Haus am See** Herrlich gelegenes Hotel mit Restaurant und Wellnessangebot. Idealer Ausgangspunkt für Aktivitäten in der Umgebung. ■ Am Langen Teich 3, 98553 Schleusingen, Tel. 03 68 41/33 70, www.haus-am-see-schleusingen.de

Themar 65

€ | **Waldhof** Ruhige, idyllische Lage, erholsame Atmosphäre im 1906 erbauten Fachwerkhaus. ■ Beinerstädter Str. 3, 98660 Themar, Tel. 03 68 73/604 19, www.waldhof-themar.de

Meiningen und Wasungen 66

€ | **An der Kapelle** In der verkehrsberuhigten Zone der Innenstadt gelegen. ■ Anton-Ulrich-Str. 19, 98617 Meiningen, Tel. 036 93/449 20, www.hotel-an-der-kapelle.de

€ | **Pension Schlemmerstube** Sieben großräumige Zimmer, hauseigene Sauna. ■ Otto-Ludwig-Str. 2, 98617 Meiningen, Tel. 036 93/417 73, www.pension-schlemmerstube.de

€€ | **Altstadt Hotel** Individuell eingerichtete Zimmer. Ruhige Lage am Rand der Altstadt. ■ Baumbachstr. 2, 98617 Meiningen, Tel. 036 93/876 90, www.altstadthotel-meiningen.de

€€ | **Burg Maienluft** Moderne Zimmer im historischen Ambiente. ■ Maienluft 1, 98634 Wasungen, Tel. 03 69 41/78 40, www.burg-maienluft.de

Suhl 68

€ | **City Hotel am CCS** Nichtraucherhotel mitten in der Stadt. ■ Friedrich-König-Str. 1, 98527 Suhl, Tel. 036 81/71 00, www.cityhotel-suhl.de

€ | **Pension am Markt** Kleines, privat geführtes Haus, Sauna, Biergarten. ■ Pfarrstr. 20, 98527 Suhl, Tel. 036 81/397 50, www.pension-am-markt-suhl.de

€€ | **Ringberg Hotel** Mit Weitblick, Schwimmbad und Kinderbetreuung. ■ Ringberg 10, 98527 Suhl, Tel. 036 81/38 90, www.ringberghotel.de

Zella-Mehlis bei Suhl 68

€ | **Hotel Sterngrund** Thüringer Gastlichkeit in stilvollem neuen Ambiente.

Sehr komfortable Zimmer an der schönsten Kurve des Thüringer Waldes. ■ Sterngrund 1, 98544 Zella-Mehlis, Tel. 036 82/46 99 11, www.hotel-sterngrund-oberhof.de

€-€€ | Hotel Waldmühle Ideale Unterkunft für Wanderer und Liebhaber von Hausmannskost. ■ Lubenbachstr. 2, 98544 Suhl, Tel. 036 82/898 90, www.hotel-waldmuehle.de

Oberhof 69

€ | Domiziel Oberhof Zentral gelegene Ferienwohnungen in gepflegter Anlage. ■ Crawinkler Str. 18, 98559 Oberhof, Tel. 03 68 42/27 80, www.domiziel-oberhof.de

€ | Waldschlösschen Komfortable Pension am Rennsteig. Gute Thüringer Küche im angeschlossenen Restaurant. ■ Tambacher Str. 24, 98559 Oberhof, Tel. 03 68 42/209 92, www.waldschloesschen-oberhof.de

€-€€ | Vergissmeinnicht Gepflegte Pension mit gutem Restaurant, das Wild- und Fischgerichte vorzüglich zubereitet. BBQ auf der Sonnenterrasse. ■ Crawinkler Str. 10, 98559 Oberhof, Tel. 03 68 42/223 46, www.haus-vergissmeinnicht.de

€€ | Ahorn-Panorama-Hotel Familienfreundliches Hotel mit vielen Freizeitangeboten. ■ Dr.-Theodor-Neubauer-Str. 29, 98559 Oberhof, Tel. 03 68 42/500, www.h-hotels.com

Schmalkalden 70

€ | Pension Susanne Moderne, familiär geführte Pension im historischen Fachwerkhaus. ■ Stiller Tor 19, 98574 Schmalkalden, Tel. 036 83/46 54 48, www.pension-schmalkalden.de

€ | Teichhotel Gut ausgestattetes Haus etwa zehn Fußminuten von der Altstadt. ■ Teichstr. 21, 98574 Schmalkalden, Tel. 036 83/40 26 61, www.teichhotel.de

€€ | Patrizier Stilvolles Altstadthotel mit elegantem Flair. ■ Weidebrunner Gasse 9, 98574 Schmalkalden, Tel. 036 83/60 45 14, www.stadthotel-patrizier.de

Bad Liebenstein 71

€ | Die Kapelle Gemütliche Zimmer in ehemaliger Fachwerkkirche, feine Brasserie. ■ Wiserweg 3, 36448 Bad Liebenstein, Tel. 03 69 61/690 60, www.hotel-kapelle.de

ADAC Das besondere Hotel

Sie wollen etwas Einmaliges erleben? Abenteuerliche Übernachtungserlebnisse in Erdhäusern verspricht das **Feriendorf Auenland** für zwei bis vier Personen in zwei Räumen auf 45 m².
Urig, aber komfortabel, sogar mit eigenem Kamin und Terrasse.
€ | Zum Burgberg 1, 98673 Eisfeld, OT Waffenrod, Tel. 036 86/61 89 00, www.feriendorf-auenland.de

Thüringens Südosten

Wasserreiche Städte und märchenhafte Stätten an der Saale und dem »Thüringer Meer«

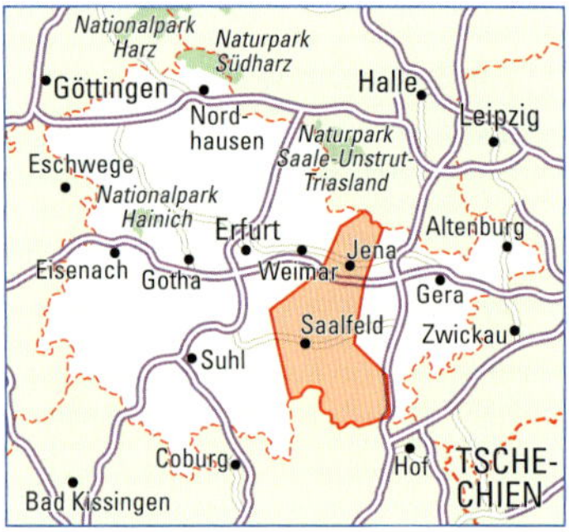

Fünf Talsperren stauen die Saale seit 1920 auf 80 km zu lang gestreckten Seen auf. Dadurch entstand über die Jahre eine fjordähnliche Landschaft, die ihresgleichen sucht. Die Talsperren fassen zusammen 409 Mio. m³ Wasser. Ihre Kraftwerke produzieren jährlich rund 500–600 GWh Strom.

Am Bleilochstausee und am Hohenwartestausee können Angler, Radfahrer und Wanderer eine unglaublich idyllische Landschaft genießen und zahlreiche Veranstaltungen wie z. B. »Stausee in Flammen« (www.fahrgast schiffahrt-hohenwarte.de) am dritten Juliwochenende, eine vierstündige Schifffahrt mit beeindruckendem Feuerwerk, oder das Stauseefest in Ziegenrück am ersten Augustwochenende erleben. Sie sind längst ein Besuchermagnet.

Zu erreichen ist das »Thüringer Meer« ganz einfach über die A 9 (Abfahrt Bad Lobenstein, Schleiz, Dittersdorf oder Triptis) oder die A 4 (Abfahrt Jena-Göschwitz).

In diesem Kapitel:

ADAC Top Tipps:

6 **Dornburger Schlösser**
| Schlösser |

Die drei einzigartigen Schlösser – Altes Schloss, Renaissance- und Rokokoschloss – auf dem 90 m hohen Bergplateau hoch über der Saale muss man besucht haben. Die Goethegedenkstätte bietet viele Informationen über Goethe und die Familie Stein. 88

ADAC Empfehlungen:

15 **Bleilochtalsperre, bei Saalburg-Ebersdorf**
| Stausee |

Bei einer Wanderung oder einer Schifffahrt fühlt man sich an der Bleilochtalsperre ein wenig wie auf einer Reise durch die norwegischen Fjorde, befindet sich aber mitten in Thüringen. 76

16 Feengrotten, Saalfeld

| Grotte |

Das geheimnisvolle Höhlensystem glitzert in vielen Farben und verzaubert genauso wie das kleine Feenweltchen genau darüber. Ein Erlebnismuseum zum Mitmachen befindet sich mittendrin. 78

17 Meuselbacher Kuppe, Meuselbach-Schwarzmühle

| Aussichtsturm |

Wo hat man das schon – in luftiger Höhe gut speisen und zudem noch einen wunderschönen Ausblick ins Thüringer Land genießen. Der 786 m hohe Kuppenberg ist das höchstgelegene Naherholungsziel der Bergbahnregion. 81

18 Zeiss-Planetarium, Jena

| Planetarium |

Mit Hightech und Lasershow dem Himmel ganz nah. Im Jahr 1962 erbaut, hat das Zeiss-Planetarium schon unzählige große und kleine Sternengucker erlebt. 86

26 Saalburg-Ebersdorf

Die traumhafte Lage am »Thüringer Meer« zieht Besucher an

Information

■ Touristinformation, Markt 1, 07929 Saalburg-Ebersdorf, Tel. 03 66 47/290 80, www.saalburg-ebersdorf.de, Mo, Mi, Fr 9–12 und 14–17, Sa 8–11 Uhr

Saalburg liegt direkt am Ostufer des 9,2 km² großen Bleilochstausees inmitten bewaldeter Höhenzüge bis 575 m, Ebersdorf am Westufer. Nach dem Stau der Saale (1932) wurde Saalburg zu einer Stadt am See. In beiden Ortsteilen gibt es zahlreiche kleinere Handwerksbetriebe.

Wie kaum eine andere Mittelgebirgslandschaft wurde das obere Saaletal durch den Talsperrenbau in eine neue Landschaft verwandelt – in eine Stauseeregion, die Saalekaskade.

Sehenswert

Märchenwald

| Freizeitpark |

Das größte Hexenhaus Europas steht in einem wunderschönen Märchenwald. Hier findet man auch einen Steinfiguren-Märchengarten, eine Riesenrutsche und eine Seilbahn, die Erwachsenen und Kindern viel Spaß bereitet. Uralte und neue Geschichten von Rotkäppchen, Schneewittchen und Froschkönig werden hier wieder lebendig. Ein Urlaubserlebnis v. a. für junge Familien.

■ Dombachgrund 1, www.saalburg-maerchenwald.de, Mitte März–Okt. tgl. 9–18 Uhr, 9 €, erm. 6–8 €

Bleilochtalsperre

| Stausee |

15 *Mit dem Fahrgastschiff über den See zur Staumauer*

Der Bleilochstausee bildet mit einer Länge von 28 km und einem Wasservolumen von 215 Mio. m³ den größten

Vom Bad Lobensteiner Stadtteich hat man einen großartigen Blick auf den Alten Turm

ADAC Mobil

Mehrmals täglich fahren **Schiffe** auf dem Bleilochsee zur 65 m hohen Staumauer der Bleilochtalsperre oder in Richtung Saaldorf zum fast senkrecht emporsteigenden Totenfelsen. Ausflugsboote starten in Saalburg-Ebersdorf.
Am Torbogen 1, Tel. 03 66 47/222 50, www.saalburg.de

Stausee in ganz Deutschland. Die Staumauer zwischen den Bleibergen gab der Talsperre, erbaut 1926–1932, ihren Namen und bietet von oben einen sensationellen Blick auf den See. Das Innenleben der Mauer erfährt man nur angemeldet bei Führungen.

■ Tel. 03 66 47/29 49 70, www.talsperren.net

Steinerne Rose

| Naturdenkmal |

Die Steinerne Rose entstand 700 m im Ortsteil Kloster, der nördlich von Saalburg liegt, vor ca. 390 Mio. Jahren. Sie besteht aus einem Pikrit, der sich als untermeerisch ausgeflossener Lavastrom gebildet hat.

■ Steinerne Rose 5

In der Umgebung

Hohenwarte-Stausee

| Stausee |

Der See entstand mit dem Bau der Talsperre 1936–1942, welche die zweitgrößte (75 m hoch, 412 m lang) Deutschlands ist. Wie an der Bleilochtalsperre kann man auch hier gemütlich mit dem Boot fahren, schwimmen, wandern und sich erholen.

■ www.talsperrren.net, Parkplätze an den Abfahrtsstellen der Fahrgastschiffe

Schloss Burgk

| Burg |

Einst als Grenzburg gegen Slawenüberfälle errichtet, thront das 11 km nördlich von Saalburg-Ebersdorf gelegene Schloss Burgk hoch über der Burgkhammer-Talsperre. Höhepunkte sind die Sammlung von Exlibris und Konzerte auf der Silbermann-Orgel von 1743 in der Schlosskapelle.

■ Burgk 17, Schleiz, www.schloss-burgk.de, April–Okt. Di–So 10–18, Nov.–März, Di–So 11–16 Uhr, 6 €, erm. 5 €

27 Bad Lobenstein

Ein entspanntes und entspannendes Städtchen

Information

■ Stadt-Information, Graben 18, 07356 Bad Lobenstein, Tel. 03 66 51/25 43, www.bad-lobenstein.de, Mo–Fr 9.30–12.30 und 13.30–16, Di, Do bis 17, Mai–Sept. auch Sa 9–12 Uhr

Die 750 Jahre alte Kleinstadt sieht man schon von weither. Denn auf dem Berg wacht der »Alte Turm«, das Wahrzeichen, über den 150-jährigen Kurort. Seinen Namen verdankt er Kaiser Ludwig dem Bayer (1328–1347). Er soll »Lobe den Stein« ausgerufen haben, als er bei der Jagd seinen Lieblingshund verlor, den ein Ritter verletzt bei einem Stein wiederfand.

Gefällt Ihnen das?

Wenn Sie vom Bauwerk der **Bleilochtalsperre** und der **Hohenwartetalsperre** begeistert sind, lohnt sich auch ein Besuch der **Talsperre Zeulenroda** (S. 102).

Sehenswert

Alter Turm und Regionalmuseum
| Aussichtspunkt |
Das Regionalmuseum, Sitz der einstigen »Fürstlichen Oberförsterei«, dokumentiert die Geschichte des regionalen Bergbaus, des Lobensteiner Tuchmacher- und Uhrmacherhandwerks. Nur von hier aus erreicht man den »Alten Turm«, von dem sich ein herrlicher Blick in die Umgebung und auf den Ort selbst bietet.
■ Schlossberg 20, www.bad-lobenstein.de, April–Sept. Di, Do 10–16, Sa, So 14–17.30, Okt.–Jan. Di 10–13, Do, So 13–16 Uhr, Turm Feb. und März geschl., Kombiticket inkl. Neues Schloss 6 €, erm. 5 €, Fam. ab 12 €

Neues Schloss
| Ausstellung |
Das imposante Gebäude steht mitten im Zentrum der Stadt und zeigt neben Wechselausstellungen die Dauerausstellung zur Apothekengeschichte und zur Reußschen Landes- und Münzengeschichte. Hier finden auch viele Konzerte, Lesungen und Vorträge statt. Der Festsaal und der Blaue sowie der Grüne Salon sind mit wertvollen Stuckarbeiten verziert.
■ Leonberger Platz, www.bad-lobenstein.de, Di, Do, Fr 9–12, Di auch 14–18, Do auch 14–16 Uhr, Kombiticket inkl. Alter Turm und Regionalmuseum 4 €, erm. 2 €, Fam. ab 6 €

Restaurants

€ | Destillerie und Marktbrauerei
Hier gibt es Herzhaftes zum Bier neben dem Sudkessel. ■ Markt 24, Tel. 03 66 51/2114, www.hotel-marktbrauerei.com, Mo 17–21, Fr 17–22, Sa 17–22, So 11.30–14 Uhr

28 Saalfeld

Einladendes Städtchen mit Feengrotten entführt in eine andere Welt

Information

■ Saalfeld-Information, Markt 6, 07318 Saalfeld, Tel. 036 71/52 21 81, www.saalfeld-tourismus.de, Mo–Fr 9–18, Sa 9–13 Uhr

Über 1100 Jahre alt, gehört Saalfeld zu den ältesten Städten Thüringens. Sie steht als Synonym für »Feengrotten«. Ein Spaziergang durch die mittelalterliche Stadt ist kurzweilig: Saaltor (1365), Schloss Kitzerstein (erbaut 1521–1524), Rathaus (1529–1537) und Burgruine Hoher Schwarm, wo Kaiser Barbarossa einst die Stadt gründete.

Sehenswert

Stadtmuseum
| Museum |
Das sehr gut erhaltene mittelalterliche ehemalige Franziskanerkloster beherbergt eines der größten stadtgeschichtlichen Museen des Freistaates.
■ Münzplatz 5, www.museumimkloster.de, Di–So 10–17 Uhr, 5 €, erm. 2 €

Feengrotten
| Grotte |
16 *Schillernde Tropfsteine ringsum sehen meist aus wie Figuren*
Die Feengrotten entstanden im stillgelegten Bergwerk Jeremias Glück 1850. Das unterirdische Museum Grottoneum mit Mitmach- und Wissenschaftsstationen sowie der Erkundungspfad Feenweltchen im darüber gelegenen Wald lassen sich bestens miteinander kombinieren.

ADAC Mobil

Die einzige **Autofähre** Thüringens ist die Mühlenfähre, schnellste Verbindung zwischen Altenroth und Linkenmühle am Hohenwartestausee. Erspart einen Umweg von 33 km.

■ Feengrottenweg 2, www.feengrotten.de, Führungen Mai–Nov. tgl. 10–17, Nov.–April tgl. 11–15.30 Uhr, Kombiticket 14 €, erm. 11 €

Parken

Kostenlos parken für 2 Std. am Promenadenweg, sonst überall in der Stadt 2 Std. ab ca. 1,20 €.

Restaurants

€ | Güldene Gans Schmackhaftes aus Fisch und Wild. ■ Markt 25, Tel. 036 71/ 52 04 68, www.gueldene.gans.de, Di–Sa 17–22 Uhr

In der Umgebung

Burg Ranis
| Burg |
Die Burg liegt etwa 15 km östlich von Saalfeld. Ein Rundgang führt durch Verlies, Burgküche und auf den Bergfried. Besonders zu empfehlen ist die Ausstellung zu Erdbeben und seismografischen Anlagen. Regelmäßig finden Lesungen auf Burg Ranis statt.
■ Ranis, www.thueringerschloesser.de, Mi 13–17, Sa, So/Feiertag 10–17 Uhr, 6 €, erm. 4 €, unter 6 J. frei

29 Bad Blankenburg

Fröbel- und Lavendelstadt, Tor zum Wanderparadies Schwarzatal

Information

■ Tourismus-Information (in der Stadthalle), Bahnhofstr. 23, 07422 Bad Blankenburg, Tel. 03 67 41/26 67, www.bad-blankenburg.info, Mo–Fr 9–12.30 und 13–16, Do auch 13–18 Uhr

Der »Märchendom« ist der älteste Hohlraum der Feengrotten in Saalfeld

Im Blickpunkt

Durch das Schwarzatal

Vom Schwarzawehr am Ortsausgang Bad Blankenburgs (Wanderparkplatz an der L 1112 Richtung Schwarzburg, einfach 11 km, ca. 3 Std.) geht es gen Schwarzburg. Ein Weg führt zum Jagdschloss der Fürsten von Schwarzburg-Rudolstadt auf einem Felssporn über dem Ort. Darin kann der Kaisersaal mit seinen 48 Kaisergemälden besichtigt werden. Für den Rückweg nach Bad Blankenburg bietet sich der aussichtsreiche Panoramaweg Schwarzatal (Markierung rotes Dreieck, 13 km, 3,5 Std.) hoch über dem Tal an.

Museum Kaisersaal: Schlossstr. 5, April–Sept. Di–So 10–18, Okt. Di–So 10–16 Uhr, 8 €, erm. 5 €, Kombikarte 18 €, bis 14 J. frei

Im ruhigen Luftkurort Bad Blankenburg eröffnete der Pädagoge Friedrich Fröbel (1782–1852) den ersten Kindergarten überhaupt. Das war bereits 1840. Burg Greifenstein, die einzige deutsche Königsburg, thront heute noch über der Lavendelstadt.

Sehenswert

Friedrich-Fröbel-Museum

| Museum |

Im »Haus über dem Keller« liegen die Anfänge des Kindergartens. Anschaulich werden hier die pädagogischen Ideen Friedrich Fröbels anhand Fröbelscher Spielwaren gezeigt. Im Spielzimmer im Erdgeschoss können zahlreiche Spiele ausprobiert werden.

■ Johannisgasse 4, www.froebel-museum.de, Di–Sa 10–17 Uhr, 4 €, erm. 3 €, bis 14 J. frei

Burg Greifenstein

| Burg |

Die hoch über Bad Blankenburg gelegene Burg der Schwarzburger Grafen (13. Jh.) mit 250 m Länge und 80 m Breite gehörte zu den größten deutschen Feudalburganlagen. Es gibt eine kleine Ausstellung zur Chronik der Burg, eine Falknerei und eine Burgschänke, in der deftige Speisen wie zu Ritters Zeiten serviert werden.

■ Greifensteinstr. 3, www.burg-greifenstein.de, April–Okt. Di–So 10–17 Uhr, 3 €, erm. 2 €. Im unmittelbaren Bereich der Burg gibt es keine Parkmöglichkeit. Gebührenfreie Parkplätze findet man von den Autobahnen kommend über die B 88.

30 Rudolstadt

Schillers heimliche Geliebte zerschlug sicher viel Porzellan

Information

■ Touristinformation Rudolstadt, Markt 8, 07407 Rudolstadt, Tel. 036 72/48 64 40, www.rudolstadt.de, Mo–Fr 9–18, Sa bis 13 Uhr

Als frühere Schwarzburger Residenzstadt birgt das an den Ufern der Saale gelegene Rudolstadt eine Menge architektonische Kostbarkeiten in sich: Das Alte Rathaus in der Stiftsgasse 2, der historische Markt mit hübschen Bürger- und Handwerkerhäusern sowie das Neue Rathaus oder das Stadtschloss Ludwigsburg (heute Thüringer Landesrechnungshof).

Sehenswert

Heidecksburg

| Museum |

Überdimensionales Barockschloss der einstigen Schwarzburger Grafen 60 m über der Stadt: Mittlerweile ist hier das Thüringer Landesmuseum stationiert mit Porzellanausstellung, Gemälden und 4000 Objekten der fürstlichen Waffensammlung. Die Miniaturwelt Königlicher Höfe »Rococo en miniature« befindet sich im Gewölbe.

■ Wohnräume und Rokoko-Festsaal nur mit Führungen, Tel. 036 72/429 00, www.heidecksburg.de, Di–So 10–17, 8 €, erm. 5 €, Führungen Rokokosaal: Di–So stdl. ab 10.30 Uhr

Volkskundemuseum Thüringer Bauernhäuser

| Freilichtmuseum |

Es gilt als das älteste Freilichtmuseum Deutschlands. Eine nachgestellte Hofanlage aus dem 17./18. Jh. erzählt über das damalige Leben auf dem Dorf mit Apotheke und Olitätenhandel. Highlight: die szenisch gestaltete Erlebnisführung mit dem Buckelapotheker sowie die Kulinarische Führung. Im Sommer finden hier Open-Air-Veranstaltungen aller Art statt – von Dixieland über Folklore bis zum Kino-Open-Air und Sommertheater.

■ Kleiner Damm 12, Tel. 036 72/42 90 22, www.heidecksburg.de, April–Okt. tgl. 11–18 Uhr, 3 €, erm. 2 €

Schillerhaus

| Museum |

In Rudolstadt trafen sich Goethe und Schiller erstmalig im Beulwitzchen Haus (heute Schillerhaus) und buhlten um zwei Frauen. Charlotte siegte schließlich, nahm Schiller, Caroline Hofrat Beulwitz. Im Haus ist eine kleine Ausstellung über Schiller zu sehen.

■ Schillerstr. 25, www.schillerhaus-rudolstadt.de, tgl. 10–17 Uhr, 6 €, erm. 3,50 €

Älteste Volkstedter Porzellanmanufaktur

| Manufaktur |

Im Jahr 1762 gegründet, ist sie die älteste noch produzierende Porzellanmanufaktur Thüringens. Seit 2007 »gläsern«, können Besucher den Kunsthandwerkern bei der Arbeit über die Schulter schauen.

■ Breitscheidstr. 7, www.glaeserne porzellanmanufaktur.de, Führungen Mo–Sa nach Vereinbarung unter Tel. 036 72/48 02 15, Werksverkauf Mo–Do 9–17, Fr 9–15 Uhr

Restaurants

€ | Zum Brummochsen In dieser kleinen Gaststube wird schmackhafte Hausmannskost serviert. Vor allem die Klöße sind ein Gedicht! ■ Alte Str. 12, Tel. 036 72/42 43 55, So–Do ab 11 Uhr, Sa ab 18 Uhr

In der Umgebung

Meuselbacher Kuppe

| Aussichtsturm |

17 *Leckerbissen, traumhafte Natur und fantastische Ausblicke*

Der Aussichtsturm (804 m) auf dem 786 m hohen Kuppenberg ist das höchstgelegene Naherholungsziel der Region. In der rustikalen Turmgaststätte warten herrliches Essen und ein wunderbarer Ausblick!

■ Am Kuppenberg 1, Meuselbach-Schwarzmühle, Tel. 036 705/601 43, www.kuppe-meuselbach.de, Mo–Mi 10–17.30, Fr–So 10–20 Uhr

31 Schloss Kochberg

Ein Musentempel für (Goethe-) Liebhaber und Architekturfreaks

Information

■ Klassik Stiftung Weimar, Schloss Kochberg, 07407 Uhlstädt-Kirchhasel, OT Großkochberg, Tel. 036 43/54 54 00, www.klassik-stiftung.de, Schloss: April–Okt. Mi–Mo 10–18 Uhr, 5 €, erm. 4 €, unter 16 J. frei

Der 26-jährige Johann Wolfgang von Goethe traf hier seine Charlotte von Stein auf dem Landsitz der Familie, 30 km von Weimar entfernt. Viele Ausstellungsstücke erinnern an die zahlreichen Besuche Goethes und berichten über das Leben der Familie Stein. Auch der Landschaftspark mit seinem prächtigen alten Baumbestand, mit Leinwandhäuschen, Turmruine, Grottenanlage mit Begräbnisplatz, mit Badesee sowie einem außergewöhnlichen Blumengarten sind unbedingt sehenswert.

Restaurants

€€ | Schlossrestaurant Kochberg Feine Küche im Schloss. ■ Im Schlosshof 3, Tel. 036 43/25 42 10, www.schlossrestaurant-kochberg.de, Sa, So 12–16 Uhr, Winter nur Mi–So, Reservierung erwünscht

Gefällt Ihnen das?

Wenn Sie gerne in Schlössern speisen, besuchen Sie auch das **Jagdschloss Possen** (S. 121) oder das **Pagenhaus, Schloss Friedenstein** (S. 46).

Seine Liebe zu Charlotte von Stein führte Goethe häufig nach Schloss Kochberg

Bühne

Liebhabertheater Charlottes Sohn Carl von Stein ließ das Kleinod um 1800 bauen. Das klassizistische Theater gehört mit seinem Säulenportikus zur Europastraße »Historische Theater« und wird regelmäßig bespielt.
■ Schloss Kochberg, Tel. 03 67/43 22 5 32, www.liebhabertheater.com, Mai–Okt.

32 Kahla

Die Porzellanstadt Kahla pflegt ihre Geschichte

Information

■ Touristinformation Kahla, Roßstr. 38, 07768 Kahla, Tel. 03 64 24/529 71, www.kahla.de, Mo 8.30–12 und 13–17, Mi, Do 8.30–12, Do auch 13–19, Fr 8.30–11 Uhr

Enge Gassen durchziehen die denkmalgeschützte Altstadt von Kahla am Fuße der Leuchtenburg. Bis heute umgibt sie eine fast vollständig erhaltene Stadtmauer mit zwei Wehrtürmen. Stadtbildprägend wirkt die spätgotische Kirche St. Margareten im Norden der Altstadt.

Sehenswert

Leuchtenburg

| Ausstellung |

Die Ausstellung »Porzellanwelten Leuchtenburg« in der Leuchtenburg informiert über das »Weiße Gold« und zeigt die größte Vase der Welt. Zu sehen ist der »Mahlschatz von Tautenburg«, ein bäuerlicher Brautschmuck. Im Dreißigjährigen Krieg versteckt, kam er erst 1986 wieder ans Tageslicht.

Im Blickpunkt

Von Weimar nach Kochberg

Am 12. Juli 1777 schrieb Goethe an Charlotte von Stein, er habe den Weg von Weimar nach Schloss Kochberg binnen vier Stunden zurückgelegt. Wanderer, die seinen Spuren auf dem Goethe-Wanderweg (Weißes G auf grünem Grund, 28 km, ca. 7 Std., Start am Goethehaus in Weimar) folgen wollen, sollten sich mehr Zeit nehmen, um unterwegs noch einiges zu entdecken. In Buchfart z. B. die uralte Felsenburg und kurz vor dem Ziel den Luisenturm mit Ausblick.

Der Münzturm zeigt das harte Leben einstiger Gefangener.
■ Dorfstr. 100, Seitenroda, www.museum-leuchtenburg.de, April–Okt. tgl. 9–18, Nov.–März tgl. 10–17 Uhr, 15 €, erm. 9–14 €, Parken kostenfrei unterhalb der Leuchtenburg

Restaurants

€€ | Zum Stadttor Historischer Gasthof mit Thüringer Küche. ■ Jenaische Str. 24, Kahla, Tel. 03 64 24/83 80, www.hotel-stadttor.de, Mo–Fr 17–22 Uhr

Einkaufen

Werksverkauf von Kahla Porzellan Auf Werksführungen kann man dabei zusehen, wie Porzellan entsteht und bemalt wird. ■ Christian-Eckardt-Str. 38, Tel. 03 64 24/792 79, www.kahlaporzellan.com, Mo–Sa 10–18 Uhr, Werksführungen: Fr ab 9 Uhr, 1,5 Std., 5 €, bis 12 J. frei, Porzellanmarkt immer Anfang Nov.

33 Jena

Studentenstadt und viele Gelehrte

Historisches Rathaus (links) am Markt und Stadtkirche St. Michael (rechts)

Information

- Touristinformation Jena, Markt 16, 07743 Jena, Tel. 036 41/49 80 50, www.jenatourismus.de, Di–Fr 11–17, Sa 10–14 Uhr
- Parken siehe S. 88

Jena ist dank seiner alten Universität und dem hochkarätigen Jena-Glas weltberühmt. 1846 entstanden die Mechanischen Werkstätten von Carl Zeiss und Ernst Abbes. Zudem liegt die Saalestadt in einer malerischen Landschaft eingebettet, in die es einst auch den Wissenschaftler Goethe zog.

Nur das historische Rathaus blieb von den Zerstörungen des Zweiten Weltkriegs verschont. Jede volle Stunde zieht hier der »Schnapphans« am Uhrturm die Blicke auf sich. An Jenas Bildungsvater erinnert der »Hanfried«, wie der Volksmund das große Bronzestandbild des Kurfürsten nennt.

Sehenswert

1 Stadtmuseum und Kunstsammlung

| Sammlung |

Das im Norden des Marktes gelegene Haus wird auch »Göhre« genannt. Mit-

Plan
S. 87

telpunkt der städtischen Kunstsammlung bilden Malerei, Grafiken, Plastiken und Objekte des 20. und 21. Jh., mit Schwerpunkt Klassische Moderne sowie Kunst der DDR.

■ Markt 7, www.stadtmuseum.jena.de, Di–So 10–17 Uhr, 5 €, erm. 3 €, bis 14 J. frei

2 Stadtkirche St. Michael

| Architektur |

Der 50 m hohe markante Turm der Kirche, den man besteigen darf, fällt auf. Auch der überwölbte Durchgang unter dem Altar ist eine seltene Architektur. 3,5 m hoch und 3 m breit, war er der einzige Zugang zum Zisterzienserkloster (1301) hinter der Kirche. Bekannt als Ara zählt er zu den Sieben Wundern von Jena.

■ Kirchplatz 1, www.stadtkirche-jena.de, So, Mo 12–17, Di–Sa 10–17 Uhr, Anmeldung zu Kirchen- und Turmführungen unter Tel. 036 41/39 68 62

3 Romantikerhaus

| Museum |

Das Wohnhaus des Philosophen Johann Gottlieb Fichte (1762–1814) integriert heute als einziges Museum weltweit literarische Frühromantik. Die Dauerausstellung zeigt den kultur- und geistesgeschichtlichen Hintergrund für den Aufbruch einer junger Dichtergeneration Literaturkritiker, Philosophen und Naturwissenschaftler Ende 18./Anfang 19. Jh. Vielfältige Veranstaltungen und Wechselausstellungen zeigen, welchen Einfluss die Romantik auf Europa hatte.

■ Unterm Markt 12 a, Di–So 10–17 Uhr, 5 €, erm. 3 €, bis 14 J. frei

4 Universitätshauptgebäude

| Architektur |

Das 1905–1908 vom Münchener Architekten Theodor Fischer entworfene Gebäude bewahrt im Inneren ein Monumentalgemälde von Ferdinand Hodler sowie eine Bronzebüste Auguste Rodins. Es steht auf dem Grundriss des ehemaligen großherzoglichen Schlosses und beherbergt heute u. a. die Universitätsleitung, die Universitätsverwaltung, die Philosophische Fakultät sowie die Fakultät für Sozial- und Verhaltenswissenschaften. Ebenso das Herbarium Haussknecht.

■ Fürstengraben 1, www.uni-jena.de

Das Arbeitszimmer im Obergeschoss von Schillers Gartenhaus

5 Zeiss-Planetarium

| Planetarium |

18 *Hightech-Blick in die Sterne von der schönen Erde aus*

Für Sternengucker ist das im Jahr 1926 erbaute Zeiss-Planetarium eine Attraktion. Seit 2011 gibt es das einmalige neue POWERDOME – VELVET Projektionssystem von Carl Zeiss und das 3D-Sound-System »SpatialSoundWave«. Es bietet eine einzigartige Laser-Ganzkuppelproduktion: Musicshows »Queen Heaven – The Original« oder »Pink Floyd – Reloaded«.

■ Am Planetarium 5, www.planetarium-jena.de, tgl. unterschiedliche Vorführungen (siehe Website), Erw. 13,50 €, erm. 11 €

6 Botanischer Garten

| Botanischer Garten |

Rund 12 000 Pflanzenarten aus allen Vegetationszonen der Erde sind hier zu sehen. Artenreichste Freilandanlage ist das Alpinium. Hervorgegangen aus einem 1586 gegründeten Medizinergarten, animierte er schon Goethe zu naturwissenschaftlichen Studien. Das Inspektorhaus erinnert daran.

■ Fürstengraben 26, April–Okt. tgl. 10–19, Nov.–März tgl. 10–18 Uhr, 4 €, erm. 2,50 €, keine Hunde

7 JenTower

| Aussichtsplattform |

Er misst 144,5 m in der Höhe und ist mit 31 Geschossen das höchste Bürogebäude der neuen Bundesländer. Eine Aussichtsplattform und ein Restaurant (tgl. 10–23 Uhr) befinden sich in ca. 120 m Höhe.

■ Leutragraben 1, www.jentower.de, Aussichtsplattform: tgl. 10–22 Uhr, 4,50 €, Restaurant: Mo–Fr 7–10 und 12–23, Sa 8–23, So 8–17 Uhr

8 Collegium Jenense

| Platz |

Nirgendwo anders in Jena lässt sich die 450 Jahre alte Universität so unmittelbar erleben wie hier, denn hier wurde sie gegründet. Öffentlich ist nur der Kollegienhof, wo im Sommer auch Konzerte stattfinden. ■ Kollegiengasse 10, Mo–Fr 9–18, Sa, So 10–16 Uhr

9 Schillers Gartenhaus

| Museum |

Hier wohnte Schiller mit seiner Familie während seiner letzten beiden Jahre als Geschichtsprofessor in Jena (1789–1799). Neben einer Ausstellung zu Schillers Jenaer Werken (»Wallenstein-trilogie«, »Maria Stuart« und »Jungfrau von Orleans«) sind die Wohn- und Schlafräume der Familie und das Arbeitszimmer des Dichters zu sehen.

■ Schillergässchen 2, April–Okt. Di–So 11–17, Nov.–März Di–Sa 11–17 Uhr, 3,50 €, erm. 2 €

10 Phyletisches Museum

| Museum |

Das Phyletische Museum ist der Abstammungslehre gewidmet und veranschaulicht mit zoologischen Präparaten, Fossilien, Modellen und Grafiken die Evolutionstheorie. Darüber hinaus werden wechselnde Sonderausstellungen gezeigt.

■ Erbertstr. 1, www.phyletisches-museum.uni-jena.de, Di–Fr 9–13 und 14–17, Sa, So 10–16 Uhr, 2,50 €, erm. 1,50 €

11 Ernst-Haeckel-Haus

| Museum |

Als Zoologe machte Ernst Haeckel (1834–1919) die Lehren Darwins in Deutschland bekannt und begründete die deutsche Meeresbiologie. Seine Wohnstätte, die »Villa Medusa«, ist heute wissenschaftliches Institut und Museum und bewahrt neben dem Arbeitszimmer eine Bibliothek mit Manuskripten, Aquarellen, Zeichnungen und Druckschriften.

■ Berggasse 7, www.ehh.uni-jena.de, Führungen Di–Fr 10, 11.30, 14 und 15.30 Uhr, 2 €, Führungen 12 €

12 Schott GlasMuseum

| Museum |

Auf dem Betriebsgelände der Schott-Werke, die Schott, Abbe und Zeiss 1884 gründeten, werden die Unternehmensgeschichte und Erfindungen wie das Ceran-Kochfeld oder Planetarium Module zur Solarstromerzeugung präsentiert.

■ Otto-Schott-Str. 13, www.schott.com/jena, Di–Do 13–17 Uhr, Eintritt frei

13 Museum 1806

| Museum |

Am 14. Oktober 1806 fand die Schlacht bei Jena zwischen der von Napoleon I. geführten französischen Armee und der preußischen Armee statt. Im Museum findet man zeitgeschichtliche Exponate, Berichte von Zeitzeugen, Uniformen, Waffen und umfangreiches Karten- und Bildmaterial.

■ Jenaer Str. 12, Jena-Cospeda, www.stadtmuseum-jena.de, Feb.–Nov. Di–So 10–13 und 14–17 Uhr, 5 €, erm. 3 €

Parken

P1 Parkhaus JenTower mit 180 Stellplätzen. ■ Neue Mitte Zufahrt Kollegiengasse, 1 €/Std., Plan S. 87 b2

Restaurants

€€ | Papiermühle Rustikaler Braugasthof. ■ Erfurter Str. 102, Tel. 036 41/45 98 98, www.papiermuehle-jena.de, tgl. ab 11.30 Uhr, Plan S. 87 nordwestl. a1

€€ | SCALA Turmrestaurant in der 28. Etage des JenTower. ■ Leutragraben 1, Tel. 036 41/35 66 66, www.scala-jena.de, Mo–Fr 7–10, 12–23, Sa 8–23, So 8–17 Uhr, Plan S. 87 b2

€€ | Weintanne Ausgewählte Speisen im ältesten Haus der Stadt. ■ Jenergasse 13, Tel. 036 41/796 87 02, www.weintanne-jena.de, Di–Sa ab 18 Uhr, Plan S. 87 südöstl. c3

€€ | Zur Noll Urig und stilvoll. ■ Oberlauengasse 19, Tel. 036 41/59 77 10, www.zurnoll.de, tgl. ab 11 Uhr, Plan S. 87 c2

Traumhafte Ausblicke verspricht das SCALA Restaurant im JenTower

34 Dornburger Schlösser

6 *Einmaliger Schlösserreigen in luftigen Höhen*

Information

■ ServiceCenter Saaleland, nur tel. Beratung unter Tel. 03 66 01/90 52 00, www.saaleland.de (Informationen auch bei Touristinformation Jena, S. 84)

Harmonisch fügen sich die drei Dornburger Schlösser, so unterschiedlich sie auch sind, zu einem Ganzen zusammen. Auf einem 90 m hohen Plateau sind sie nebeneinander aufgereiht. Die Großherzöge von Sachsen-Weimar-Eisenach verbrachten hier ihre Sommer. Allerdings ist es hier immer schön.

Sehenswert

Altes Schloss

| Architektur |

Der achteckige Bergfried ist das nördlichste der drei Schlösser und geht in den Grundmauern auf die Kaiserpfalz

Das Renaissanceschloss ist das am südlichsten gelegene der Dornburger Schlösser

Otto I. von 937 zurück. Heute befindet sich hier eine Begegnungsstätte der Universität Jena.

Renaissanceschloss

| Museum |

Am südlichen Plateaurand entstand es zwischen 1539 und 1547 anstelle eines Gutshauses. Goethe war über 20-mal hier und schrieb seine »Dornburger Gedichte«. Heute dient der weiße Putzbau mit Treppenturm, Zwerchhäusern und geschweiften Giebeln als Museum. Es präsentiert höfisches Mobiliar (16.–19. Jh.), Bergstube sowie Wohn- und Arbeitszimmer Goethes.

■ Über Dornburg-Tourist, Infos s. Rokokoschloss

Rokokoschloss mit Garten

| Museum |

1741 erbaut steht es im Zentrum und zeigt Wohnkultur Herzog Carl Augusts. Er war es auch, der weite Teile der Schlossgärten im Stil eines Landschaftsgartens neu gestaltete und einen Weinberg, einen Rosenlaubengang sowie einen Teeplatz mit Robinien anlegen ließ. Das geometrische Gartenparterre vor dem Rokokoschloss wurde nach Entwürfen des renommierten Landschaftsarchitekten Hermann Schüttauf (1890–1967) wiederhergestellt.

■ Über Dornburg-Tourist, www.dornburg-saale.eu, Tel. 03 64 27/209 34, April–Okt. Do–Di 10–17 Uhr, Renaissanceschloss und Rokokoschloss 6 €, erm. 4 €

Restaurants

€€ | Am Brauhaus Thüringer Küche und einige Pensionszimmer nahe den Dornburger Schlössern. ■ Breite Str. 12, Dornburg-Camburg, Tel. 03 64 27/705 03, www.gaststaette-dornburg.de, Mi, Do 11.30–16.30, Fr 11.30–13.30 und 17–21, Sa, So 11.30–17 Uhr

Übernachten

Die wasserreiche Landschaft der Saalekaskade sowie das herrliche Schwarzburger Land locken jährliche viele Besucher in diese Region Thüringens. Manche bleiben länger, einige kürzer. Eins steht jedoch fest: Sie möchten auf der Saale Wassersport treiben, durch die Landschaft wandern, Rad fahren oder Kunst und Historie in Jena miteinander verbinden. Darauf haben sich die Hotels, Pensionen, Landgasthöfe und sogar ein Rittergut (in Oppurg) sehr gut eingestellt und warten mit unzähligen und unterschiedlichen Angeboten auf ihre Gäste.

Saalburg-Ebersdorf 76

€ | **Kranich** Direkt an der Schiffsanlegestelle des »Thüringer Meeres«. ■ Markt 59, 07929 Saalburg, Tel. 03 66 47/ 224 48, www.kranich-saalburg.de

€ | **Seeblick** Familiär geführtes Haus am Bleilochsee. ■ Dr. Karl-Rauch-Str. 21, 07929 Saalburg, Tel. 03 66 47/299 98, www.seeblick-hotel-saalburg.de

€ | **Zur Krone** Spezielle Adresse für Motorradfreunde. ■ Krankenhausstr. 2, 07929 Saalburg-Ebersdorf, Tel. 03 66 51/ 870 41, www.zurkrone-ebersdorf.de

Ziegenrück bei Saalburg-Ebersdorf 76

€ | **Heinke** Hotel in romantischer Umgebung des Saaletals unter der Burg. ■ Saalestr. 9a, 07924 Ziegenrück, Tel. 03 64 83/223 16, www.ziegenrueck.com

€€ | **Hotel am Schlossberg** Modernes Ferienhotel am Fuß des Ziegenrücker Burgberges. ■ Paskaer Str. 1, 07924 Ziegenrück, Tel. 03 64 83/750, www.hotel-am-schlossberg-ziegenrueck.de

Bad Lobenstein 76

€ | **Hotel Silbertau** Klein, aber fein mit kulturellem Touch. ■ Oberlemnitzer Str. 4a, 07356 Bad Lobenstein, Tel. 03 66 51/85 90, www.hotel-silbertau.de

€ | **Pension Antik Nr.1** Übernachten in liebevoll hergerichteter Pension unweit der Ardesia-Therme, des Marktplatzes und des Schlossparks. Man fühlt sich fast wie im Museum. ■ Bayerische Str. 1, 07356 Bad Lobenstein, Tel. 03 66 51/313 01, www.pension antik.de

€-€€ | **Bauhaushotel »Haus des Volkes«** Einfache und gemütliche Zimmer im einzigartigen Architekturdenkmal des »Grünen Bandes«. ■ Bahnhofstr. 25, 07330 Probstzella, Tel. 03 67 35/46 05, www.bauhaushotel.com

Saalfeld 78

€ | **Landgasthof Bohlenblick** Gut gelegen zwischen »Bohle« und Saale am Saale-Radweg. ■ Geschwister-Scholl-Str. 7, 07318 Saalfeld, Tel. 036 71/67 02 67, www.bohlenblick.de

€€ | **Anker** 1543 als »Güldene Gans« gegründetes Traditionshaus im Zentrum der Stadt. ■ Am Markt 25/26, 07318 Saalfeld, Tel. 036 71/59 90, www.hotel-anker-saalfeld.de

€€ | **Asterra** Freundliches Haus am Ortsrand in ruhiger Lage. Restaurant mit schöner Terrasse. ■ Am Sperberhölzchen 34, 07318 Saalfeld, Tel. 036 71/ 457 00, www.hotelasterra.de

€€ | Waldhotel Mellestollen Landhotel mit Ausflugslokal. ■ Wittmansgereuther Str. 1, 07318 Saalfeld, Tel. 036 71/ 82 00, www.mellestollen.de

Bad Blankenburg 79

€ | Weinhaus Eberitzsch Hotel am Tor zum malerischen Schwarzatal, modern eingerichtete Zimmer, Ausflugslokal mit Biergarten. ■ Schwarzburger Str. 19, 07422 Bad Blankenburg, Tel. 036 741/23 53, www.weinhaus-eberitzsch.de

€-€€ | Zum Steinhof Helle Zimmer, Gaststube mit gutbürgerlicher Thüringer Küche. ■ Wirbacher Str. 6, 07422 Bad Blankenburg, Tel. 036 741/34 70, www.hotel-zumsteinhof.de

Rudolstadt 80

€ | Rittergut Positz Stil- und liebevoll renoviertes Gut, etwa 20 km östlich von Rudolstadt. ■ Rittergut Positz 1, 07381 Oppurg, Tel. 036 47/50 45 35, www.rittergut-positz.de

€-€€ | Kains Hof Fachwerkhaus direkt am wunderschönen Saaleufer. Mit Wellnessbereich. ■ Weißen 19, 07407 Uhlstädt-Kirchhasel, Tel. 036 742/611 30, www.hotelkainshof.com

€€ | Panoramahotel am Marienturm Unmittelbar neben dem Marienturm auf hohem Bergrücken gelegenes Hotel mit prachtvollem Panoramablick. ■ Marienturm 1, 07407 Rudolstadt-Cumbach, Tel. 036 72/432 70, www.hotel-marienturm.de

€€ | Schloss Eyba Gemütliches Familienhotel mit Wellness und Gästehaus. ■ Eyba 23, 07422 Saalfelder Höhe, Tel. 036 736/340, www.schlosshotel-eyba.de

Kahla 83

€ | Waldhotel Linzmühle Thüringer Gastlichkeit in der frischen Natur, Ruhe, saubere Luft im idyllischen Seitental der Saale. Startpunkt für viele Wanderungen. ■ Im Leubengrund 6, 07768 Kahla, Tel. 03 54 24/840, www.waldhotel-linzmuehle.de

€-€€ | Zum Stadttor Schön restauriertes historisches Gebäude, gepflegte Zimmer, rustikales Restaurant mit Sitzplätzen im romantischen Innenhof. ■ Jenaische Str. 24, 07768 Kahla, Tel. 036 424/83 80, www.hotel-stadttor.de

Jena 84

€ | Jembo Park Wohlfühlhotel kurz vor den Toren der Stadt. ■ Rudolstadter Str. 93, 07745 Jena-Göschwitz, Tel. 036 41/ 68 50, www.jembo.de

€ | Pension Burgblick Familiäre freundliche Pension in ruhiger grüner Lage südlich der Stadt. ■ Alte Dorfstr. 20 a, 07751 Jena-Drackendorf, Tel. 036 41/33 67 16, www.pensionburgblick.de

€-€€ | Steigenberger Esplanade Zentrumsnahe moderne Zimmer, Fitness- und Wellnessbereich. ■ Carl-Zeiss-Platz 4, 07743 Jena, Tel. 036 41/80 00, www.steigenberger.com

Domburg-Camburg bei den Dornburger Schlössern 88

€ | Ausspanne zum Graf Genau unter den Schlössern in denkmalgeschütztem Gebäude und direkt am Saale-Radwanderweg, nur 500 m vom Bootsanleger am Saaleufer entfernt. ■ Schulstr. 23, 07778 Dornburg-Camburg, Tel. 036 427/225 81, www.hotel-dornburger-schloesser.de

Thüringens Osten

Vogtlands Perlen an Weißer Elster und Pleiße entlang der traditionsreichen Reußischen Fürstenstraße

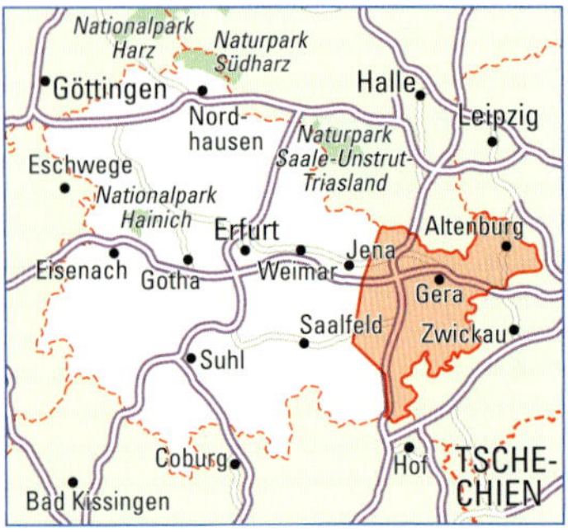

Den äußersten Osten Thüringens nimmt das Vogtland für sich ein. Der Name geht auf die Vögte Reuß zurück. Sie regierten das Land von der Burg Weida aus. Ihren Nachkommen hinterließen sie in den Städten ein reiches historisches Erbe, v. a. viele Schlösser und Kunstschätze. Ganz anders begegnet einem die Neue Landschaft Ronneburg, die nach dem Uranabbau bei Gera geschaffen wurde. Das Holzland pflegt seine Traditionen und technischen Denkmale. Zu den größeren Orten der Region gehören Gera, Greiz und Altenburg, die sich mit kultureller und architektonischer Vielfalt besonders für Städte- und Kurzurlaube eignen.

Ruhe, Idylle und Entspannung dagegen bieten die vielen gepflegten Dörfer und Bauernhöfe entlang der 113 km langen Reußischen Fürstenstraße. Die Ferienstraße führt von Bad Köstritz aus durchs Holzland und Thüringer Vogtland und ist gesäumt von Schlössern wie Schloss Eisenberg, von Burgen wie Burg Elsterberg, Kirchen und Klöstern wie der Widenkirche in Weida, Parkanlagen wie dem Landschaftspark in Greiz und Sehenswürdigkeiten wie dem Rittergut Burkersdorf.

In diesem Kapitel:

ADAC Top Tipp:

7 **Altenburg**
| Historisches Stadtbild |

Die über 1000 Jahre alte, unzerstörte Stadt besitzt eine imposante Schlossanlage und eine wunderschöne, restaurierte Altstadt mit Renaissancerathaus und den Roten Spitzen. 104

ADAC Empfehlungen:

19 **Kristall Sauna-Wellness-park, Bad Klosterlausnitz**
| Therme |

Im Kristallbad gibt es neben Solebecken innen und außen zum Entsäuern und Entgiften zwei 34 °C warme Natronbecken. 95

20 Keramik-Museum, Töpferstadt Bürgel

| Museum |

Im einzigen und ältesten Keramikmuseum Thüringens von 1880 kann man alles sehen, was es aus Porzellan gibt. Neu: die Vase »V7« nach dem Entwurf Henry van de Veldes. 96

21 Historische Höhler, Gera

| Katakomben |

Dort wo einst unteririsch Bierfässer lagerten, kann man heute im Höhler-Labyrinth auf Erkundung gehen. Der größte ist Nummer 188. 99

22 Otto-Dix-Haus, Gera

| Kunstsammlung |

Einzigartige Sammlung von Otto Dix mit 400 Gemälden auf zwei Etagen im Geburtshaus des Malers, einem denkmalgeschützten Fachwerkhaus. 100

23 Neue Landschaft Ronneburg

| Landschaftspark |

Nach der Stilllegung des Uranabbaus investierten Bund und Thüringer Land rund 5 Mrd. Euro in die Sanierung der Bergbaufolgelandschaft. Das Ergebnis ist eine Reise wert. 105

35 Das Holzland

Eine Pechsträhne bedeutete hier durchaus auch Glück

Information

■ Eisenberg-Information (siehe S. 95)

Das Gebiet zwischen den Flüssen Saale, Weiße Elster und der Orlasenke gilt als Zentrum des Thüringer Holzlands, das sanfte Hügel und weite Talgründe prägen. Bis weit ins 20. Jh. hinein lebten die Menschen hier fast ausschließlich von der Holzverarbeitung, vom Schnitzen, Schreinern und Zimmern. Ein typisches Produkt sind Leitern – noch heute stellen rund 20 Betriebe diese hölzernen Steighilfen her.

Als Naherholungsgebiet der Region Ostthüringen zieht es Touristen v. a. in den Zeitgrund oder ins Eisenberger Mühltal. Im Kristallbad in Bad Klosterlausnitz entspannen sich Einheimische und Touristen.

ADAC Wussten Sie schon?

»Gersche Fettguschen« nannte man einst gutbetuchte Geraer, weil sie Fleisch ohne Besteck aßen und ihnen das Fett aus dem Mund troff.

Sehenswert

Modell eines Pechofens

| Denkmal |

Für Schiffbau, zur Abdichtung von Fässern oder für das Schuhmacher- bzw. Sattlereihandwerk wurde einst Pech verwendet. Pechsieden gehörte deshalb zum mittelalterlichen Waldhandwerk. Das originalgetreue Schaumodell eines alten Pechofens kann man im Zeitzgrund sehen, der 1975 ausgegraben und als Bodendenkmal gesichert wurde. Der Naturlehrpfad Zeitzgrund mit zahlreichen Informationstafeln führt am Pechofen vorbei.

■ Am alten Versuchsfeld 1, Hermsdorf, frei zugänglich

Wie in einem Palast fühlt man sich in der prunkvollen Schlosskirche in Eisenberg

Mühle Hainbücht

| Industriedenkmal |

Die Wassermühle von 1617 ist die letzte produzierende der Region und arbeitet noch so wie einst im Mühlenbetrieb Manfred Wollnitzkes. Mit der Kraft von 20 PS setzt das Mühlrad zwei Schrotgänge, einen Walzenstuhl, eine Quetsche und Mischmaschinen in Bewegung. Die Hainbüchter Mühle steht unter Denkmalschutz und kann nach Anmeldung beim Müllermeister besichtigt werden.

■ Mühlenweg 1, Stadtroda, OT Hainbücht, Tel. 036428/61932, www.muehle-hainbuecht.de

Restaurants

€ | **Holzlandstube** Urige Museumsgaststätte im sanierten ehemaligen Brauhaus der Braukommune. Original Thüringer Bratwurst und deftige Rostbrätl. ■ Geraer Str. 20, Bad Klosterlausnitz, Tel. 036601/43519, www.holzlandstube.de, Do–Di 11–14 und 17–21 Uhr

€ | **Zu den Drei Schwänen** Gasthaus mit traditioneller regionaler und internationaler Küche. ■ Köstritzer Str. 13, Tel. 036601/90200, www.dreischwaene.de, Di–Sa 17–21, So 11.30–14 Uhr

Entspannung

19 **Kristall Sauna-Wellnesspark, Bad Klosterlausnitz** Die Therme liegt direkt am historischen Klosterteich nahe des Mühltals: Neben Solebecken zwei Natronbecken mit 34 °C und elf Themensaunen im Innen- und Außenbereich. ■ Köstritzer Str. 16, Tel. 036601/5980, www.kristall-saunatherme-bad-klosterlausnitz.de, So, Mo, Mi, Do 9–22, Di, Fr, Sa 9–23 Uhr, ab 12 € (2 Std.), erm. ab 7 €

36 Eisenberg

Größte (barocke) Stadt des Holzlandes an der Reußischen Fürstenstraße

Information

■ Eisenberg-Information, Markt 26, 07607 Eisenberg, Tel. 036691/73454, www.stadt-eisenberg.de, Mo 9–12 und 13–15, Di, Mi, Fr 9–12 und 13–16, Do 9–12 und 13–18 Uhr

Ein Herzog, eine Residenzstadt, ein recht kurzlebiges Herzogtum. Dafür aber ein barockes Schloss (heute Landratsamt) mit Kirche und Trost-Orgel zum Spielen in einem wunderschönen Park sowie einer historischen kleinen Altstadt.

Sehenswert

Stadtmuseum »Klötznersches Haus«

| Museum |

Ständige Ausstellung zur Geschichte Eisenbergs und Wechselausstellungen im historischen Haus des einstigen Kaufmanns Klötzner (15. Jh.). Es präsentiert Zeugnisse der Herzogtümer Sachsen-Eisenberg und Sachsen-Altenburg. Highlights: die mittelalterliche »Schwarze Küche« und das Kellergewölbe. Einheimische Künstler und Sammler zeigen ihre Werke regelmäßig in Sonderausstellungen.

■ Markt 26, www.stadt-eisenberg.de, Mo 9–15, Di, Mi, Fr 9–16, Do 9–18, Sa, So 13–16 Uhr, 2 €, erm. 1 €, bis 12 J. frei

Schlosskirche und Schlosspark

| Museum |

Kleinod der historischen Schlosskirche sind die farbenprächtigen Deckengemälde von italienischen Baumeistern. Die Trost-Orgel darf für 25 € auch gespielt werden. Auf jeden Fall sollte man sich Zeit für einen Spaziergang im historischen Schlossgarten nehmen. Ein Kleinod ist der relativ junge Kräutergarten aus den 1960er-Jahren, dessen Tradition allerdings bis ins Jahr 1777 zurückreicht. Hier wachsen über 50 verschiedene Kräuter, Heil- und Gewürzpflanzen.

■ Kirchenführung buchbar über Eisenberg-Information, April–Okt. Di–So 10–16, Nov.–März Di–Fr 10–16, Sa, So 13–16 Uhr, 2 €, erm. 1 €, bis 12 J. frei, Kräutergarten: April–Okt. Mo–Fr 10–16 Uhr, frei zugänglich

Restaurants

€€ | **Meuschkensmühle** Original Holzländer Spezialitäten wie Mutzbraten und Hausmannskost im Mühltal. Mit sonnigem Biergarten. ■ Mühltal 12, Bad Klosterlausnitz, OT Weißenborn, Tel. 03 66 01/55 59 50, www.meuschkensmuehle-muehltal.de, tgl. ab 11 Uhr

In der Umgebung

Eisenberger Mühltal

| Mühlen |

Hier reihen sich ehemalige Mal- und Schneidemühlen dicht aneinander. Viele der Mühlen sind heute zu Gaststätten umgebaut. Flora und Fauna des Mühltals sind sehr abwechslungsreich. Artenreiche und seltene Farne wie der Straußfarn sind hier zu finden. Die seltene Wasseramsel brütet im Tal, die Gebirgsstelze oder der Zaunkönig. Auf einer etwa 8 km langen Wegstrecke kann man von Mühle zu Mühle bis nach Bad Klosterlausnitz wandern und zwischendurch auch einkehren.

■ www.sommerfrische-muehltal.com

37 Töpferstadt Bürgel

Das Blaue mit den weißen Punkten gehört auch zum Töpfermarkt

Information

■ Stadt Bürgel, Am Markt 1, 07616 Bürgel, www.stadt-buergel.de

Wer das blau-weiße Thüringer Geschirr mag, der kennt Bürgel. Schon im 17. Jh. nennt sich der Ort Töpferstadt, und seit mindestens 450 Jahren werden hier Gefäße aus Ton gebrannt. Heutzutage passiert das v. a. in Familienbetrieben und neuen Töpferwerkstätten. Zuschauer sind herzlich willkommen und eingeladen, den Meistern bei ihrer Arbeit über die Schulter zu schauen oder das Keramik-Museum zu besuchen.

Sehenswert

Keramik-Museum

| Museum |

20 *Hommage an Thüringer Keramik vom Feinsten*

Das Wie und Warum der Thüringer Tonwarenproduktion wird hier seit 1880 im einzigen und ältesten Keramik-Museum Thüringens vermittelt. Dazu ist eine Sammlung von etwa 5000 Keramiken zu sehen. Beispielsweise aus der Dornburger Keramik-Werkstatt, vom Bauhaus über Otto Lindig bis zu den Körtings. Neben Bürgeler Steinzeug mit blauer Anwurfglasur ist die gesamte Palette der Irdenware dokumentiert, u. a. vielfältige Schlickerdekore.

■ Am Kirchplatz 2, Tel. 03 66 92/373 33, www.keramik.museum-buergel.de, Nov.–Feb. Mi–So 11–16, März–Okt. Di–So 11–17 Uhr, 4 €, erm. 2 €

Kannen, Vasen und Teller werden auf dem Töpfermarkt Bürgel angeboten

Restaurants

€ | **LINO-Grill** Nicht nur der Döner schmeckt hier bei freundlicher Bedienung. ■ In den Satteln 1, Tel. 03 66 92/ 36 35 00, Mo–Fr 10.30–21, Sa, So 16–21 Uhr

In der Umgebung

Heimatmuseum Zinsspeicher

| Freiluftmuseum |

Wie funktioniert ein Butterfass, eine Brennschere oder ein Dreschflegel? Im Freilandmuseum des ehemaligen Benediktinerklosters Bürgel kann man das ausprobieren. Um 1350 erbaut, ist es das letzte noch vollständig erhaltene Wirtschaftsgebäude des Klosters.

■ Am Klosterteich 4, Thalbürgel, www.museum-zinsspeicher-thalbuergel.de, tgl. 11–18 Uhr, Eintritt frei

Brehm-Gedenkstätte

| Museum |

10 km südlich des Hermsdorfer Autobahnkreuzes erinnert das Museum an Pfarrer Christian Ludwig Brehm (1787–1864), der v. a. als Ornithologe zu akademischen Ehren kam, und an seinen Sohn Alfred (1829–1884). Als Autor von »Brehms Tierleben« ist er unvergessen.

■ Dorfstr. 22, Renthendorf, Di–Fr 14–17, Sa, So 11–17 Uhr, 5 €, erm. 3 €, unter 6 J. frei

Events

Töpfermarkt Bürgel Töpfer aus Bürgel und anderen Städten bieten hier am vorletzten Juniwochenende ihre Ware feil. Abwechslungsreiches Rahmenprogramm für Groß und Klein sowie ein kulinarischer Markt mit zahlreichen Leckereien. ■ Schulstraße, www.buergeler-toepfermarkt.de

38 Gera

Stadt der Museen und Sammlungen

Untermhäuser Brücke über die Weiße Elster mit Marienkirche und Schloss Osterstein

Information

- Information, Markt 1a, 07545 Gera, Tel. 0365/8381111, www.gera.de, Mo–Fr 9–18, Sa 10–13 Uhr
- Parken siehe S. 101

999 schenkte Otto III. dem Quedlinburger Stift die Gegend um Gera. Aus einer Siedlung entwickelte sich bis zum 13. Jh. eine Stadt, die zum Ort der Tuchhändler wurde. Im 16. und 17. Jh. zählte Gera zu den reichsten Städten des Heiligen Römischen Reiches deutscher Nation. Die Textilindustrie blieb führend. Später bestimmte die Wismut mit ihrem Uranabbau die Wirtschaft.

Sehenswert

1 Stadtmuseum

| Museum |

Unter einem barocken Dach befinden sich 90000 Objekte: prähistorische Funde aus dem Stadtgebiet, frühe Tuchmacherarbeiten und Schätze aus der Residenzzeit Geras. Speziell geht es auch um die Geschichte des Fürstenhauses Reuß jüngerer Linie, welches einst über Ostthüringen herrschte und Gera als Herrschaftsort entscheidend beeinflusste.

- Museumsplatz 1, www.gera.de/stadtmuseum, Di–So 11–17 Uhr, 5 €, erm. 3 €, Fam. 10 €

Plan S. 100

2 Museum für Angewandte Kunst

| Museum |

Das edle Bürgerhaus (Ferbersches Haus um 1760) hat sich auf Kunsthandwerk des 20. Jh. spezialisiert und zeigt 100 000 Exponate im Bereich Kunsthandwerk, Keramik, DDR-Grafikdesign sowie Fotografie.

■ Greizer Str. 37, www.gera.de/musak, Di–So 11–17 Uhr, 5 €, erm. 3 €, Fam. 10 €

3 Museum für Naturkunde

| Museum |

Unterschiedliche Biotope Osttühringens wie die Plothener Teichplatte oder die Fauna rund um Jena stehen hier im ältesten Bürgerhaus der Stadt (Schreibersches Haus) im Mittelpunkt der zahlreichen Exponate.

■ Nikolaiberg 3, www.gera.de/naturkundemuseum, Di–So 11–17 Uhr, 5 €, erm. 3 €, Fam. 10 €

4 Historische Höhler

| Katakomben |

21 *Im Labyrinth unter der Erde kann man sich kaum verlaufen*

Führungen durch die künstlich angelegten Hohlräume (Bierlager) der Altstadt erzählen über das Geraer Bierbrauprivileg von 1487, wonach alle Hausbesitzer zum Bierbrauen berechtigt waren. Höhler Nr. 188, in dem sich heute das Museum befindet, ist mit 11 m Tiefe und 252 m² Labyrinth einer der größten.

■ Nicolaiberg 3, Rückseite des Schreiberschen Hauses, Führungen Di–So/Feiertage 11, 13, 15 Uhr, 5 €, erm. 3 €, Fam. 10 €

5 Sorge

| Einkaufsmeile |

»Sorge« hat nichts mit einem Gemütszustand zu tun, sondern ist die beliebte Shoppingmeile Geras (abgeleitet vom slawischen »Zarge« – Siedlung am Rande der Stadt). Vor allem was Mode angeht, kommen Frauen und Männer hier besonders auf ihre Kosten.

6 Rathausturm

| Aussichtsturm |

Der sechseckige Turm des Alten Rathauses (1573–1575) misst 57 m. Nach einem Stadtbrand im Jahr 1780 wurde er 1783/84 mit einem barocken Mansardendach wiederaufgebaut. Bis

1939 lebte darunter ein Türmer. Über 161 Stufen ist er bis in 33,5 m Höhe zu besteigen. Von dort eröffnet sich ein schöner Blick über die weite Stadt an der Weißen Elster.

■ Markt 17, www.gera.de, Mo–Fr 9–17.30, Sa 9–12.30 Uhr, 1,50 €, erm. 1 €

7 Kunstsammlung Gera/ Orangerie

| Ausstellung |

Die spätbarocke Zweiflügelanlage (um 1730) im ehemaligen Küchengarten der Fürsten Reuß war bereits Lazarett, Pferdestall, Turnhalle und Lokal. Seit 1972 beherbergt sie die Kunstsammlung Geras mit knapp 11 000 Werken von der Dürerzeit bis zur Gegenwart. Eine Besonderheit bildet die Sammlung »Handzeichnungen der DDR« mit knapp 2000 Arbeiten.

■ Küchengartenallee 4, www.gera.de, Di–Do 11–17 Uhr, 5 €, erm. 3 €, Fam. 10 €, Kombikarte Orangerie/Otto-Dix-Haus 7 €, erm. 4 €

8 Otto-Dix-Haus

| Kunstsammlung |

22 *Eine einzigartige Kunstsammlung am Ufer der Weißen Elster*

Seit 1991 existiert im restaurierten und erweiterten Geburtshaus des Malers Otto Dix ein Museum mit einer der größten Dix-Sammlungen. Etwa 400 Gemälde gehören zu dieser einzigartigen Sammlung, zu sehen sind auch hochrangige Dauerleihgaben der Otto-Dix-Stiftung Vaduz.

■ Mohrenplatz 4, www.gera.de/ottodixhaus, Di–So 11–17 Uhr, 5 €, erm. 3 €, Fam. 10 €, Kombikarte s. Orangerie

9 Schloss Osterstein

| Bergfried |

Das ehemalige Residenzschloss der Reußen wurde am 6. April 1945 bei einem schweren Bombenangriff zerstört. Heute sind nur noch einige Nebengebäude sowie der Bergfried erhalten. Im Jahr 2017 wurde das Schloss von Geraer Unternehmern gekauft und soll für eine neue Nutzung

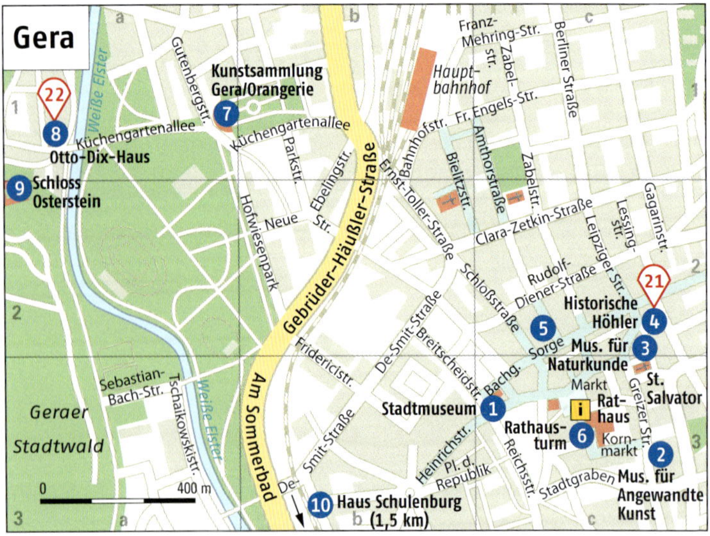

saniert werden. Von hier oben hat man einen wunderschönen Panoramablick über die Stadt.

■ Schlossberg 14, www.gera.de

10 Haus Schulenburg

| Architektur |

Der denkmalgeschützte Gebäudekomplex beruht auf dem Entwurf des Bauhaus-Architekten Henry van de Velde. Er konzipierte ihn 1913/14 für den Geraer Textilfabrikanten, Orchideenzüchter und Kunstsammler Paul Schulenburg. Im Kellergeschoss befinden sich Ausstellungsräume und die Kleinkunstbühne Kabarett »Wirsing« Gera. Der Garten ist ein Muss. Mit Café.

■ Straße des Friedens 120, www.haus-schulenburg-gera.de, April–Okt. Mo–Fr 10–17, Sa, So 14–17, Nov.–März Mo–Fr 10–16, Sa, So 14–16.30 Uhr

Parken

Der günstigste Parkplatz befindet sich am Markt/Rathaus (2 €/2 Std.).

Restaurants

€€ | Waldgaststätte Kuckucksdiele Original Thüringer Küche. ■ Wilhelm-Herfurth-Str. 11, Tel. 0365/25685, www.kuckucksdiele.de, Mi–Fr ab 12, Sa, So ab 11 Uhr, Plan S.100 südl. a3

Kinder

Naturbad Kaimberg Das idyllisch gelegene Naturbad im Ortsteil Kaimberg bietet Badefläche, Freiterrasse, Beach-Volleyball-Anlage, Kinderspielplatz und Sandstrand. ■ Kaimberger Straße, 01 Kaimberg, www.naturbad.kaimberg.de, Mai–Sept. 9.30–21 Uhr, Tagesticket 3,50 €, erm. 2 €, Plan S.100 südöstl. c3

39 Weida

Trutzfeste mittelalterlicher Vögte und das Türmerfrühstück für zwei

Information

■ Weida Touristinformation, Schlossberg 12, 07570 Weida, Tel. 036603/604664, www.weida.de, Di–So 10–17 Uhr

Weida ist die älteste Stadt des Vogtlandes und »Wiege« zugleich. Sie besitzt heute zwei historische Stadtkerne, die vor über 800 Jahren entstanden und bis in die Gegenwart sehr gut erhalten sind. Der Weidsche Kuchenmarkt hat hier Tradition.

Sehenswert

Osterburg

| Museum |

Die romanische Stammburg der Vögte mit ihrem gewaltigen, 54 m hohen Turm ist eine der spektakulärsten Burgen der Region. Im Turm projizieren acht Beamer einen Film über das Vogtland an die Mauern. In den später zum Schloss umgebauten Burggemächern befindet sich das Regionalmuseum. Unterhalb des Bergfrieds schließt sich ein höfischer Lustgarten an. Highlight in der angeschlossenen Wirtschaft ist das »Türmerfrühstück für zwei«.

■ Schlossberg 14, www.osterburg-vogtland.eu, Di–So 10–18 Uhr, Erw. 5 €, ab 6 J. 1 €, unter 6 J. frei

Stadtkirche St. Marien

| Architektur |

Die evangelische Kirche St. Marien direkt am Fluss Weida war vor der Refor-

ADAC Mobil

Die 70 m lange und überdachte **Holzbrücke** von 1786 über die Weiße Elster in Wünschendorf (etwa 6 km östlich von Weida) erträgt heute auch Autoverkehr.

mation die Klosterkirche der Franziskaner. Sie ist im gotischen Stil errichtet.
■ Neustädter Str. 8, www.katholisch-weida.de

Oschützviadukt

| Brücke |
28 m hoch und 185 m lang überspannt die Pendelpfeilerbrücke seit 1884 das Tal des Oschützbachs. Die Gitterbrücke verband 99 Jahre lang eingleisig Weida mit Mehltheuer. 1983 stillgelegt, steht sie fest als Meisterleistung deutscher Ingenieurkunst.

40 Zeulenroda-Triebes

Die Stadt an der Talsperre und auf der Höhe zieht an

Information

■ Tourismuszentrum Zeulenrodaer Meer, Bleichenweg 30, 07937 Zeulenroda-Triebes, Tel. 03 66 28/98 70 64, www.zeulenroda-triebes.de, Mai–Sept. Mo–Sa 10–13 und 14–17, So 13–17, Okt.–April 10–15 Uhr

Die Talsperre Zeulenroda umschließend, wird sie auch »Stadt auf der Höhe« genannt. Sie liegt am 45 km langen »Qualitätsweg Wanderbares Deutschland« und am »Talsperrenwanderweg Zeulenroda«. Der Rundweg verläuft fast nur auf naturbelassenen Wegen. Der 3 km lange, barrierefreie Promenadenweg zwischen Bio-Seehotel und Strandbad Zeulenroda bietet eindrucksvolle Aussichten auf das Zeulenrodaer Meer.

Sehenswert

Rathaus

| Baudenkmal |
Der denkmalgeschützte klassizistische Monumentalbau wurde in den Jahren 1825–1827 nach Plänen des Strumpfwarenverlegers Christian Heinrich Schopper (1787–1864) errichtet. Der palazzoartige Rathausbau wird von einem Turm mit goldener Themis-Statue (Göttin der Gerechtigkeit) überragt.
■ Markt 1, Zeulenroda, www.zeulenroda-triebes.de

Dreieinigkeitskirche

| Architektur |
Im Zentrum von Zeulenroda steht die großartig sanierte Dreieinigkeitskirche, eine der wenigen klassizistischen Sakralbauten Thüringens. Sie gilt als besonderer Veranstaltungsort in Thüringen und Mitteldeutschland.
■ Kirchstr. 19, Zeulenroda, www.dreieinig keitskirche.de

Parken

Wanderparkplatz am Bio-Seehotel. Erste Stunde kostenfrei, zweite Std. 1 €, Tageskarte 4 €.

Restaurants

€€ | Zellreder und Café Art Lounge
Direkt im Stadtzentrum, frisch zubereitete, einfache Gerichte, hausgemachter Kuchen. ■ Schleizer Str. 2, Tel. 03 66 28/95 42 93, www.gaststaette-zellreder.de, Mo–Sa ab 17.30 Uhr

41 Greiz

Perle des Vogtlandes mit drei Schlössern an der Weißen Elster

Information

■ Touristinformation, Burgplatz 12, Unteres Schloss, 07973 Greiz, Tel. 036 61/68 98 15, www.greiz.de, Di–Fr 9–17, Sa, So 10–17 Uhr

Als Hauptstadt des einst kleinsten deutschen Fürstentums stellt Greiz mit seinen drei Schlössern einen einzigartigen historischen Kulturstandort Thüringens dar. Im Zweiten Weltkrieg wurde die Stadt stark zerstört. Heute setzt die architektonisch reizvolle Residenzstadt in waldreicher Umgebung auf Tourismus.

Sehenswert

Stadtkirche

| Kirche |

Die Kirche aus dem 18. Jh. beherbergt die Grablege der Reußschen Fürsten. Am prunkvollsten ist der goldene Sarg Heinrich IV., der anno 1697 im Kampf gegen die Türken gefallen war.

■ Kirchplatz 3, www.kirchengemeinde-greiz.de, Mo, Di, Do 9–12, Di auch 13–16, Do auch 13–17 Uhr

Unteres und Oberes Schloss

| Museen |

Im Unteren Schloss geht es um die Geschichte der Fürsten Reuß: mit Bauernstube, einer Textil-Schauwerkstatt sowie einem Biedermeierzimmer und dem Sterbezimmer (1927) des letzten Greizer Fürsten, Heinrich XXIV.

Im Oberen Schloss wird eine multimediale Dauerausstellung zum Thema »Vom Land der Vögte zum Fürstentum Reuß älterer Linie« gezeigt.

■ Burgplatz 12, www.greiz.de, Di–So 10–17 Uhr, MuseumsCard für drei Schlösser, 2 Tage 11 €, erm. 5 €

Wahrzeichen von Zeulenroda-Triebes ist das imposante Rathaus

Greizer Park

| Parklandschaft |

Nach Norden entlang der Weißen Elster erstreckt sich der fürstliche Park im englischen Stil. Rudolph Reinecken gestaltete ihn (ab 1873). Fluss, Binsenteich und Park bilden eine ästhetische Einheit. Vom Steilhang 65 m höher schaut der 1822 erbaute Gasparinentempel (1822) herab, einer der schönsten Aussichtspunkte über der Stadt. Hier führt auch der Greizer Rundwanderweg (Etappe 3: Silberloch-Dölau) entlang.

Altenburg ist für seine Doppelturmanlage aus Backstein, die Roten Spitzen, bekannt

■ Leonhardtstr. 35, www.greizer-park.de, frei zugänglich

Sommerpalais

| Sammlung |

Fürst Heinrich XI. Reuß ließ das Sommerpalais inmitten des Greizer Parks ab 1768 mit einem faszinierenden stuckierten Festsaal errichten. Heute beheimatet es die Staatliche Bücher- und Kupferstichsammlung sowie die Karikaturensammlung Satiricum.

■ Greizer Park 1, www.sommerpalais-greiz.de, April–Sept. Di–So 10–17, Okt.–März Di–So 10–16 Uhr, 4 €, erm. 2 €, Fam. ab 9 €

In der Umgebung

Göltzschtalbrücke

| Brücke |

Die Göltzschtalbrücke ist nur einen Katzensprung von Greiz entfernt. Über sie führt die Eisenbahnlinie Leipzig–Nürnberg (Bau 1846–1851). Die Brücke besteht aus ca. 26 Mio. Ziegelsteinen. Mit einer Höhe von 78 m und einer Länge von 574 m gilt sie als die größte Ziegelsteinbrücke der Welt.

■ www.goeltzschtalbruecke.info

42 Altenburg

7 *Ehemalige Residenzstadt und Wiege des Skatspiels*

Information

■ Touristinformation Altenburg, Markt 10, 04600 Altenburg, Tel. 034 47/89 66 89, www.altenburg-tourismus.de, Mo–Fr 9–18, Sa, So 10–14 Uhr

Als Verwaltungssitz des Kronguts Kaiser Friedrich Barbarossas, wurde Altenburg im 12. Jh. befestigt. Die thüringische Kleinstaaterei ab dem 17. Jh. wird auch in Altenburg sichtbar. Selbst diese Kleinstadt überrascht mit Schloss, Adelspalais und Prachtstraße. 1509 kamen hier die ersten Altenburger Spielkarten heraus.

Das Renaissancerathaus (1562–1564) inmitten historischer Bürgerhäuser, Brüderkirche und Nikolaikirche charakterisiert den Platz. Über Rossplatz und Teichstraße gelangt man zum Wahrzeichen Altenburgs: den Roten Spitzen. Die beiden romanischen Türme blieben vom Chorherrenstift übrig, das Barbarossa 1172 gründete. Am Brühl unterhalb des Schlossfelsens steht die älteste Kirche der Stadt.

Sehenswert

Schloss- und Spielkartenmuseum

| Schoss |

Die Anlage auf dem steilen Porphyrfelsen war über die Jahrhunderte sorbische Festung (6. Jh.), Kaiserpfalz (12. Jh.) und Residenz des Herzogtums Sachsen-Altenburg. Das barocke Triumphtor führt in den Burghof mit Wohntrakt (Schloss- und Spielkartenmuseum), Junkerei, Flaschenturm, Prinzenpalais und Schlosskirche St. Georg. Zur barocken Innenausstattung zählt die Trost-Orgel (1735–1738) auf der Nordempore. Ein barockes Teehaus und die Orangerie schmücken den englischen Landschaftspark nach einem Entwurf Peter Joseph Lennés (1821).

■ Schloss 2–4, www.residenzschloss-altenburg.de, Di–So 9.30–17 Uhr, 8 €, erm. 6 €, bis 6 J. frei, Fam. 15 €

Lindenaumuseum

| Museum |

Eine der weltweit kostbarsten Spezialsammlungen früherer italienischer Tafelbilder (auf Holz gemalte Bilder des 13.–16. Jh.) wird derzeit saniert und deutlich erweitert. Daher ist das Haus an der Gabelentzstraße bis 2025 geschlossen. Dafür gibt es das Museum in seinem Interim in der Kunstgasse 1.

■ Kunstgasse 1, www.lindenau-museum.de, Di–So 12–18 Uhr, 6 €, erm. 4 €, Eintritt frei

Bühne

Der legendäre **»Altenburger Prinzenraub«** von 1455 dient seit Jahrhunderten als Vorlage für das jährliche Festival im Freilufttheater im Schlosshof. In den letzten Jahren in satirischer Form unter dem Titel »Kaufungens Fehde«.

■ Tel. 034 47/51 27 12, Di–So 9.30–17 Uhr

Kinder

Labyrinthehaus Nervenkitzel und Gänsehautgarantie auf über 2000 m². Die Attraktionen: Tinka Tempel, Kongo King, Tiefsee- und Zauberlabyrinth.

■ Hausweg 40, www.labyrinthehaus.com, Mo–Fr 10–18 Uhr, 16 €, erm. 14 €

In der Umgebung

Neue Landschaft Ronneburg

| Landschaftspark |

23 *Streuobstwiesen, Rosengarten und Tagebauterrassen*

Nach dem Ende des Uranabbaus in Ronneburg investierten Bund und Land rund 5 Mrd. Euro in die Sanierung der Bergbaufolgelandschaft. So entstand 2007 die Neue Landschaft Ronneburg. Hervorzuheben sind eine 240 m lange hölzerne Spannbandbrücke in Form eines Drachenschwanzes, ein Rosengarten, Streuobstwiesen sowie die Tagebauterrassen an den Lichtenberger Kanten. Vom 20 m hohen Entdeckerturm mit Kletterwand öffnet sich ein weiter Blick ins Gelände.

■ Parkplätze in der Grobsdorfer Straße und der Forststraße, Ronneburg, www.ronneburg.de/neue-landschaft

Übernachten

Im romantischen Tal der Weißen Elster mit seinen typischen Hangwäldern, im waldreichen Holzland mit seinen zahlreichen technischen Denkmalen und in den schlossreichen Städten des Vogtlandes lassen sich vielseitige und ausgedehnte Spaziergänge, Wanderungen oder Radtouren unternehmen. Vielleicht auch auf dem Teilabschnitt des 400 km langen »Thüringenweges«. Übernachten kann man dann in gemütlichen Landgasthöfen wie im Eisenberger Mühltal, in Hotels mitten oder am Rande der Städte. Das Angebot vor allem an familienfreundlichen Ferienwohnungen ist hier sehr groß. Meist ist dabei auch für mitgebrachte Hunde Platz. Zudem existieren entlang der Wanderwege, nahe der vielen Thermen, Seen und Talsperren Stellplätze für Wohnmobile mit Versorgungseinrichtungen wie in Bad Klosterlausnitz.

Eisenberg 95

€ | Pfarrmühle Kleines Waldhotel neben einer alten Mühle mit einem hervorragenden Restaurant und hausgebackenem Holzofenbrot, Spanferkel; alles ist frisch und lecker. Anbindung an A 9. ■ Mühltal 4, 07607 Eisenberg, Tel. 036691/43609, www.pfarrmuehle.de

Stadtroda 95

€€€ | Hammermühle Vielleicht nicht 14 Tage, aber eine Luxusnacht ist schon mal drin. Romantisches Hotel mit Wellness, Spa im historischen Dreiseitenhof und Mühlenkomplex. Saunadorf mit Bio-Teich. Ländliches Flair, Stille und unberührte Natur. Vielleicht erwischt man ein Angebot. Nachfragen lohnt. ■ Hammermühlenweg 2, 07646 Stadtroda, Tel. 036428/5790, www.hammermuehle.com

Bad Klosterlausnitz 95

€ | Waldhaus Zur Köppe Gemütliches, traditionsreiches Haus. Restaurant mit Thüringer Küche. ■ Zur Köppe, 07639 Bad Klosterlausnitz, Jenaische Str. 21, Tel. 036601/90 1169, www.hotel-zur-koeppe.de

€€ | Zur Kanone Traditioneller Gasthof mit gut ausgestatteten Gästezimmern und freundlichem Personal, 3 km östlich von Bad Klosterlausnitz. ■ Dorfstr. 3, 07639 Tautenhain, Tel. 036601/55920, www.zur-kanone.de

Töpferstadt Bürgel 96

€€ | Waldhotel »Zur Ölmühle« Gepflegte Atmosphäre, Massagen und Sauna möglich, Sommerkegelbahn, Tischtennis. ■ Waldecker Str. 7, 07616 Thalbürgel, Tel. 036692/22218, www.hotel-thalbuergel.de

Gera 98

€ | Zwergschlösschen Gemütlichkeit unterm Stadtwald nahe Zwergenhöhlen. Im Restaurant werden auch glutenfreie Speisen serviert. Radlerfreundlich. ■ Untermhäuser Str. 67, 07548 Gera, Tel. 0365/53078, www.hotel4you.de

€-€€ | Apart Hotel Angenehme Atmosphäre und ruhige Lage nahe dem Stadtwald. ■ Hofer Str. 12d, Tel. 03 65/821 50, www.gera-hotel.com

€€ | Penta Hotel Gera Top-Service mitten im Zentrum, strahlend weiße Wäsche, Klimaanlage, Fitnessangebot und Whirlpool. ■ Gutenbergstr. 2 a, 07548 Gera, Tel. 03 65/290 90, www.pentahotels.com

Weida 101

€ | Zur Altstadt In der historischen Altstadt Weidas gelegen mit modernen Standards, sehr ruhig und gemütlich. Mit Biergarten (Mai–Sept.). ■ Untere Str. 2, 07570 Weida, Tel. 03 66 03/425 77, www.zuraltstadt.de

Zeulenroda-Triebes 102

€€€ | Bio Seehotel Das erste biozertifizierte Vier-Sterne-Hotel in den neuen Bundesländern mit Schwimmbad, Spa-Bereich, Sauna, Fitness und besonders gesunder Verpflegung. ■ Bauerfeindallee 1, 07937 Zeulenroda-Triebes, Tel. 03 66 28/98-0, www.bio-seehotel-zeulenroda.de

Das Bio Seehotel in Zeulenroda-Triebes liegt direkt am Zeulenrodaer Meer

ADAC Das besondere Hotel

In Thüringen wie ein Matrose schlafen – allerdings an Land –, das kann man im **Hausboot Helga**. Auf dem Wohnschiff am Ufer des Bleilochstausees gibt es 13 Kojen, eine kleine Kombüse zur Selbstversorgung und »Thüringer Meerfeeling« inklusive.
€ | Kloster 1, Saalburg-Ebersdorf, Tel. 03 66 47/229 61, www.sez-kloster.de

Greiz 103

€ | Landhotel am Wald. Familiengeführtes und kinderfreundliches Hotel garni. ■ Untergrochlitzer Str. 8, 07973 Greiz, Tel. 036 61/67 08 03, www.hotel-ami.com

€€ | Schlossberghotel Komfortables Hotel Garni mit Twin-Standardzimmern, Suiten, Familienzimmern unterhalb des Oberen Schlosses, sicheres Abstellen von Fahrrädern möglich. ■ Marienstr. 1, 07973 Greiz, Tel. 036 61/62 21 23, www.schlossberghotel-greiz.de

Altenburg 104

€ | Hofgärtnerei Übernachten im Kulturdenkmal mit Weinstube und Livekonzerten. ■ Schlossberg 1a, 04600 Altenburg, Tel. 034 47/51 29 70, www.hofgaertnerei-altenburg.de

€ | Parkhotel Altenburg Freundliches Personal und großzügige Zimmer. ■ August-Bebel-Str. 16–17, 04600 Altenburg, Tel. 034 47/515 40, www.parkhotelaltenburg.de

€€ | Am Rossplan Angenehmes Haus mit gutbürgerlichem Restaurant, nahe dem Markt. ■ Am Rossplan 8, 04600 Altenburg, Tel. 034 47/566 10, www.hotel-rossplan.com

Nordthüringen

Am Fuße des Kyffhäusers, Deutschlands kleinstem Gebirge, und in der Natur- und Kulturlandschaft Eichsfeld

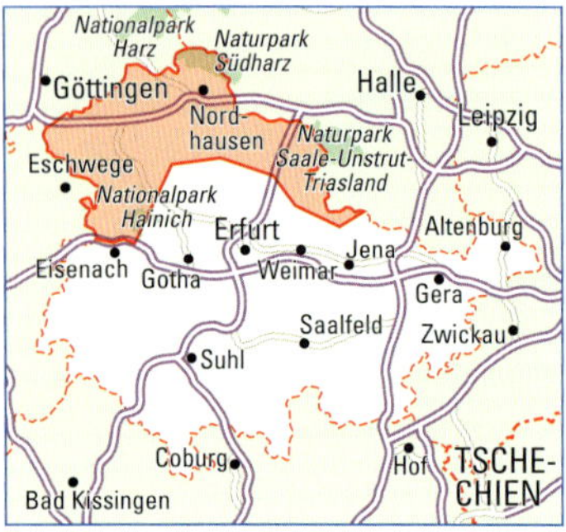

Kleine Hügel, naturbelassene Bäche, fruchtbare Wiesen und Weiden charakterisieren den Norden Thüringens. Dazwischen gibt es viele mittelalterliche Orte mit gut erhaltenen Stadtmauern, historischen Rathäusern, hohen Kirchtürmen und Heilquellen zu entdecken. Hier befindet sich auch Deutschlands größter Ur-Laubwald – der Nationalpark Hainich. Ganz deutsch bis in den Ursprung geht es am Kyffhäuser zu. Einen ganz eigenen Kulturraum bildet dagegen das erzkatholische Eichsfeld mit seinem Brauchtum und seinen Ritualen. Kruzifixe allerorts zeugen vom Glauben der Menschen, der das Leben dieser Region maßgeblich bestimmt. Besucher aus aller Welt nehmen jährlich an mächtigen Prozessionen teil, so beispielsweise am Palmsonntag im Heilbad Heiligenstadt. Kirmesfeste zählen hier zu den traditionellen Volksfesten, und statt Thüringer Rostbratwurst schmecken Eichsfelder Feldgieker und Stracke (eine Art Salami).

In diesem Kapitel:

ADAC Top Tipps:

8 **Kyffhäuserweg**
| Wanderweg |
Der 37 km lange Wanderweg führt in die Wiege Deutschlands, er startet in Bad Frankenhausen und führt vorbei am Kyffhäuserdenkmal, der Barbarossahöhle und dem Kulpenberg. 110

9 **Panorama Museum, Bad Frankenhausen**
| 360°-Gemälde |
Auf grandiose Weise brachte der Künstler Werner Tübke den Deutschen Bauernkrieg und die Menschen seiner Zeit auf ein Monumentalbild, das beim Betrachten sicher viele Bezüge zur heutigen Zeit zulässt. 110

10 Nationalpark Hainich

| Nationalpark |

Das zum UNESCO-Weltnaturerbe erklärte Gebiet integriert den größten zusammenhängenden Laubwald Deutschlands. Hier kann man noch Wildkatzen erleben, entweder ganz im Verborgenen oder im Gehege des Wildkatzendorfs Hütscheroda. 115

ADAC Empfehlungen:

24 Stadtmauer, Mühlhausen

| Wehrgang |

2,2 km der ursprünglich 2,8 km langen Stadtmauer Mühlhausens aus dem 13. Jh. sind noch sehr gut erhalten. Neun Türme der Wehranlage existieren noch heute. 114

25 Harzer Schmalspurbahn, Nordhausen

| Eisenbahnfahrt |

In Nordhausen beginnt die legendäre Fahrt mit der historischen Harzer Schmalspurbahn auf den 1142 m hohen Brocken. 123

43 Kyffhäuser

Beim Barte Barbarossas – hier atmet alles tiefste deutsche Geschichte

Information

■ Touristinformation, Anger 14, 06567 Bad Frankenhausen, Tel. 03 46 71/ 717 17, www.region-suedharz-kyffhaeuser.de, Mo–Fr 9–18, Sa, So 9–15 Uhr

Der Kyffhäuser ist mit 7 km (Nord/Süd) bzw. 12 km (Ost/West) das kleinste deutsche Mittelgebirge. Seine weit überregionale Bekanntheit verdankt das Gebirge der Kyffhäusersage um Stauferkaiser Friedrich Barbarossa, der hier in der Höhle unterm Gebirge geschlafen haben soll, bis der Bart in den Tisch einwuchs oder umgekehrt.

Sehenswert

Kyffhäuser-Denkmal

| Denkmal |

Das für Kaiser Wilhelm I. errichtete Denkmal (1891–1896), zweitgrößtes Denkmal in Deutschland, steht für die Überwältigungsarchitektur des Baumeisters Bruno Schmitz. Zur weithin sichtbaren, 6,6 m hohen Kaiserkrone kann man über 247 Stufen hinaufsteigen, um weit ins Thüringer Becken und bis zum Harz zu blicken.

■ Kyffhäuserland, OT Steinthaleben, www.kyffhaeuser-denkmal.de, April–Juni tgl. 9.30–18, Juli, Aug. Mo–Do 9.30–18, Fr–So 9.30–19, Nov.–März tgl. 10–17 Uhr, 7,50 €, erm. 4,50 €

Barbarossahöhle

| Höhle |

Sie ist ca. 800 m tief und 13 000 m² groß. Bizarre Gipsformationen am Deckengewölbe spiegeln sich im tiefgrünen Wasser unterirdischer Seen. Mit schönem Erlebnisspielplatz draußen.

■ An den Mühlen 6, Kyffhäuserland, OT Rottleben, www.barbarossahoehle.de, April–Okt. tgl. 10–17, Nov.–März Di–So 10–16 Uhr, stdl. Führungen, 8,50 €, erm. 7,50 €, Fam. 24 €

Kyffhäuserweg

| Wanderweg |

8 *Wanderweg mit viel deutscher Geschichte*

Der 37 km lange Wanderweg startet in Bad Frankenhausen und führt vorbei an Überwältigungsarchitektur in Vollendung (Kyffhäuserdenkmal) oder in die Barbarossahöhle. Unterwegs übersteigt man den höchsten Berg des Kyffhäusers, den 473 m hohen Kulpenberg, mit dem weithin sichtbaren Fernsehturm und kann die Burgruine Rothenburg (11. Jh.) und einen Bismarckturm erkunden. Aufgrund vieler sagenumwobener Geschichten ist der Weg von überregionalem Interesse.

ADAC Wussten Sie schon?

Der Turm der Oberkirche in Bad Frankenhausen neigt sich um 5,37 Grad und damit sehr bedenklich zur Seite. Er gehört zu den schiefsten Türmen Deutschlands.

In der Umgebung

Panorama Museum

| 360°-Gemälde |

9 *Ein monumentales Gemälde zu Ehren Thomas Müntzers*

Bad Frankenhausen am Südhang des Kyffhäusergebirges ist v. a. durch Tho-

Das 1896 eingeweihte Kyffhäuser-Denkmal, auch Barbarossadenkmal genannt

mas Müntzer bekannt. Er führte im Jahr 1525 die Bauern zur letzten Schlacht des Bauernkrieges, die vor den Toren der Stadt tobte. Wenig später wurde er auf dem Schlachtberg hingerichtet.

Um Thomas Müntzer und den Bauernkrieg zu ehren, fertigte der DDR-Künstler Werner Tübke (1929–2004) ein großformatiges Monumentalgemälde – das 123 x 14 m große Bild »Frühbürgerliche Revolution in Deutschland«, für das eigens das Panorama Museum gebaut wurde. Auf dem Vorplatz stehen Bronzeplastiken der holländischen Künstlerin Lotta Blokker.

■ Am Schlachtberg 9, Bad Frankenhausen, www.panorama-museum.de, Di–So 10–17, Juli, Aug. auch Mo 13–17 Uhr, 8 €, erm. 3–7 €, unter 6 J. frei, großer Parkplatz ca. 500 m vor dem Museum (1 €/Tag)

44 Artern

Eine Stadt besinnt sich auf Traditionen und sorgt für Gesundheit

Information

■ Stadtverwaltung, Markt 14, 06556 Artern, Tel. 034 66/325 50, www.artern.de

Die Salzstadt erhielt ihre Saline 1727 in der Nähe der Unstrut. Über den Borlachwanderweg (Borlach, Errichter der Saline) erreicht man Jüngkens Aussichtsturm auf dem Weinberg.

Sehenswert

Veitskirche

| Kirche |

Markant an dem Bau des 13. Jh. ist der Kirchturm in der Vierung der Seitenschiffe. Daraus ergibt sich ein kreuzförmiger Grundriss. Bis zur Reformation nutzten Altstadtbewohner die Kirche sakral. Dann stand sie leer. Das Gebäude verfiel, diente im 18. und 19. Jh. als Scheune, Geräteunterstand, als Gefängnis, Turnhalle (1895) und seit Mitte der 1930er-Jahre als Heimatmuseum. 1990–1999 wurde die Veitskirche umfangreich restauriert. Das Gebäude wird nun für Ausstellungen, Konzerte und standesamtliche Eheschließungen genutzt. ■ Im Norden der Arterner Altstadt, www.veitskirche.de

Salinepark

| Park |

Bereits der 1865 gegründete Verschönerungsverein Arterns legte den wunderschönen Park am Unstrutbogen an. Die Salinedirektoren schufen übers Jahrhundert Gradierwerk, Tennispark, Inhalatorium, Soltrinkhalle, die fesselnde Wettersäule und die Kinderheilanstalt Cäcilienheim (nur noch zum Teil vorhanden). Die Anlage birgt zwei botanische Kostbarkeiten, die Urweltmammutbäume. Mit dem Fitnesspfad (1995) ist der Salinepark um einen Anziehungspunkt reicher geworden.

■ Park frei zugänglich

Kneipen, Bars und Clubs

Zur Plauderstube Deftige Hausmannskost und gutes Bier. ■ Ritterstr. 3, Tel. 034 66/74 07 32, tgl. 10–12.30, 16–22 Uhr

45 Heldrungen

Der Müntzerturm erinnert an den großen Theologen des Mittelalters

Information

■ Verwaltung, Am Bahnhof 43, 06577 Heldrungen, Tel. 03 46 73/70 90, www.stadtanderschmuecke.de, Di 16–18 Uhr

Die Stadt liegt an den Unstrut-Niederungen. Weil es im sumpfigen Helderbachtal an Bergen fehlte, wählten die

Die Wasserburg Heldrungen ist bis heute von einem Burggraben umgeben

Herren von Heldrungen um 1100 eine Insel in einem der vielen Seen als Standort für ihre Burg. Durch Heldrungen führen der Hainlaite-Wanderweg und der Unstrut Radweg.

Sehenswert

Wasserburg Heldrungen

| Architektur |

Bedeutend wurde die Burg unter den Mansfelder Grafen, die 1512/13 an Stelle der Burg ihre »Veste Heldrungen« bauten. Dabei entstand die gewaltige Wallanlage mit zwei Grabensystemen. Der Müntzerturm ragt an der Südecke der Dreiflügelanlage heraus. Dort wurde der Führer des mittelalterlichen Bauernkrieges gefangen gehalten und gefoltert. Die Wasserburg Heldrungen ist heute Jugendherberge.

■ Schlossstr. 13, Tel. 03 46 73/912 24, außen ab 8 Uhr zugänglich

Restaurants

€ | **Zur Krone** Traditionelle Thüringer Küche in zünftigem Haus von 1889.

■ Bahnhofstr. 22, Tel. 03 46 73/913 36, www.stadt-heldrungen.de, Mo, Mi–Fr 16–23, Sa, So 11–14.30 und 17–21/22 Uhr

In der Umgebung

Burg Weißensee

| Burg |

Auch Runneburg genannt, gilt Burg Weißensee als größte romanische Burganlage in Deutschland mit Toranlage, Palas und Wohnturm.

■ Runneburg 1, Tel. 03 63 74/362 00, www.thueringerschloesser.de, Besichtigung nur mit Führung: April–Okt. Di–Fr nach Anmeldung, Sa, So stdl. 11–16 Uhr, 2 €, erm. 1,50 €, bis 12 J. frei

46 Menteroda

Ein Ort mit Kalibergbau-Tradition baute sich ein Museum

Information

■ Touristinformation Menteroda, Holzthalebener Str. 38, 99996 Menteroda, Tel. 03 60 29/815 10, www.menteroda.de

Viele Menteröder wanderten aus Armut nach Amerika aus, bevor 1906 die Kalisalze entdeckt wurden. In 1001 m entstand die tiefste Kaligrube Europas. Heute erinnern ein Denkmal und ein Bergbaumuseum an 85 Jahre Bergbaugeschichte. Ein sehenswerter Ort mit über 1000-jähriger Geschichte.

Sehenswert

Bergbaumuseum

| Museum |

1906 wurde der Kalibergbau in Menteroda begonnen. Heute erinnern nur noch ein Bergbaudenkmal in der Ortsmitte und eine Traditionsstätte im ehemaligen Fördermaschinenhaus mit einer Minigrube daran.

■ Holzthallebenerstr. 31, Tel. 03 60 29/74 00, auf Anfrage geöffnet

47 Mühlhausen

Mittelalterliche Reichsstadt mit Moderne und jährlicher Stadtkirmes

Information

■ Touristinformation Mühlhausen, Ratsstr. 20, 99974 Mühlhausen, Tel. 036 01/40 47 70, www.muehlhausen.de, Mo–Fr 9–17, Sa 10–14 Uhr

■ Parken siehe S. 115

Eine Ausstellung in der Marienkirche informiert über Thomas Müntzer

Mittelalterlicher geht es nicht mehr. Stadtmauer, trefflich renovierte Fachwerkhäuser, Tore, Türme, Gassen und Kirchen – jeder Flecken in Mühlhausen atmet Geschichte. Bis auf die Therme, die ist neu und sorgt für Entspannung nach dem Stadtrundgang. Übrigens: Wäre nicht der Ingenieur Roebling gewesen, dann gäbe es wahrscheinlich keine Brooklyn Bridge in New York.

Sehenswert

Stadtmauer

| Wehrgang |

24 *Bis heute gut erhaltene Stadtmauer wie im Mittelalter*

Vom einstigen 2,8 km langen Bauwerk (13. Jh.) sind noch 2,2 km erhalten. Es besteht aus Travertin, der im nahen Bad Langensalza seit Jahrhunderten gebrochen wird. Neun Türme der Wehranlage existieren noch, während andere im 19. Jh. in kleine Biedermeier-Lauben verwandelt wurden. Der Aufgang zur Mauer befindet sich im Rabenturm neben dem Frauentor.

■ Am Frauentor, Mo–So 10–17 Uhr, 5 €, erm. 2–4 €

St. Marien-Thomas-Müntzer-Gedenkstätte

| Ausstellung |

Nach dem Erfurter Dom ist St. Marien die zweitgrößte Hallenkirche Thüringens. Den Bauernkrieg 1525 überstanden nur die Marienskulptur (1480) und die Predella des Hochaltars. Eine Ausstellung informiert hier über Leben und Theologie des Kirchenreformers.

■ Steinweg, www.mhl-museen.de, Di–So 10–17 Uhr, 5 €, erm. 2–4 €, Turmbesteigung 7 €, erm. 5 €

Bachkirche Divi-Blasii

| Kirche |

Hier wirkte J. S. Bach 1707/08 als Organist. Dem Orgelneubau von 1959 wurde Bachs Orgeldisposition zugrunde gelegt. Kirchen- und Orgelführungen mit Klangbeispielen vermittelt die Touristinformation (S. 113).

■ Untermarkt, Kollekte erbeten

Bauernkriegsmuseum – Kornmarktkirche

| Museum |

Die Ausstellung in der ehemaligen Klosterkirche St. Crucis informiert über den Deutschen Bauernkrieg (1524–1526). Mit einem nach Ideen des mittelalterlichen Gelehrten Albertus Magnus gestalteten Klostergarten.

■ Kornmarkt, www.muehlhausen.de, Di–So 10–17 Uhr, 5 €, erm. 2–4 €

Kulturhistorisches Museum

| Museum |

Die Stadt- und Regionalgeschichte zwischen Alt- und Neusteinzeit sowie die jüngere Kunstgeschichte Thüringens werden dargestellt. In »Mühlhäuser STADTgeschichten« wird die »Freie Reichsstadt« als eigenständiges rechtlich-politisches Modell erklärt.

■ Kristanplatz 7, www.mhl-museen.de, Di–So 10–17 Uhr, 5 €, erm. 2–4 €

Parken

P2 Parkplatz »An der Burg« 1 €/Std.

Restaurants

€-€€ | Wirtshaus Antoniusmühle Bodenständiges Restaurant mit Gewölbekeller und mittelalterlichem Ambiente. ■ Am Frauentor 7, Tel. 036 01/44 90 00, www.antoniusmuehle.de, Di–Fr 17.30–23, Sa, So 11.30–14 und 17.30–23 Uhr

Events

Mühlhäuser Kirmes Am letzten Augustwochenende findet Deutschlands größte Stadtkirmes statt. Traditioneller, sehr leckerer Zwetschgenkuchen.

In der Umgebung

Benediktinerinnenkloster Zella

| Kloster |

Um 1100 als Doppelkloster für Frauen und Männer gegründet, wurde es im Dreißigjährigen Krieg zerstört und danach wieder aufgebaut. Große Mauerteile stammen noch von 1603.

■ Kloster Zella 1, Rodeberg-Struth, Tel. 03 60 26/97 00, www.kloster-zella.de, Führungen auf Anfrage

Kloster Volkenroda

| Museum |

Das 1131 gegründete Kloster besitzt die älteste noch erhaltene Zisterzienser-Klosterkirche Deutschlands. Mit der ökumenischen Jesus-Bruderschaft kehrte 1989 christliches Leben zurück. Faszinierend: der Kontrast zwischen mittelalterlicher Bausubstanz und Meinhard von Gerkans Christus-Pavillon, einem Stahl-Glas-Konstrukt.

■ Amtshof 3, Tel. 03 60 25/55 90, www.kloster-volkenroda.de, Nov.–April tgl. 9–18, Mai–Okt. tgl. 10–17 Uhr

48 Nationalpark Hainich

10 *Der letzte Urwald mitten in Deutschland*

Information

■ Nationalpark-Information Kammerforst, Str. der Einheit, 99986 Kammerforst, Tel. 03 60 28/368 93, www.nationalpark-hainich.de

■ Der Nationalpark ist mit allen Verkehrsmitteln gut erreichbar. Adresse für Pkw: Thiemsburg 1, 99947 Schönstedt, www.fahrtziel-natur.de, mehrere Parkplätze, Zufahrt von der B 84 in Reichenbach über Craula zum Wanderparkplatz Thiemsburg, von dort sind es 10 Min. zu Fuß

ADAC Wussten Sie schon?

Die **Gedenkstätte Point Alpha** liegt genau auf der einstigen innerdeutschen Grenze in Geisa. Wo sich einst Soldaten der NATO und des Warschauer Pakts hautnah gegenüberstanden, befindet sich heute ein einzigartiger Lernort.
www.pointalpha.com

In Deutschland zählt der Nationalpark Hainich, der seit 1997 auf 75 km² Fläche geschützt ist, zu den letzten Resten des deutschen Urwaldes (UNESCO-Weltnaturerbe). Hier leben Wildkatze und Hermelin, Fledermaus, Turmfalke, Wachtelkönig und viele mehr. Er ist Lebensraum für 800 Pflanzenarten. Totholz bildet die wichtigste Lebensgrundlage für Flora und Fauna.

Sehenswert

Baumkronenpfad

| Baumwipfelpfad |

In zwei Schleifen windet sich der Baumkronenpfad in 10 bis 24 m Höhe durch die Baumwipfel. Der Parkplatz ist Ausgangspunkt für drei Naturlehrpfade.

■ Thiemsburg 1, www.baumkronen-pfad.de, April–Okt. tgl. 10–19, Nov.–März tgl. 10–16 Uhr, 11 €, erm. (6–12 J.) 2 €, Fam. 24 €, unter 6 J. frei

49 Heilbad Heiligenstadt

Erzkatholische Gegend und heilendes Wasser passen gut zusammen

Information

■ Touristinformation Heilbad Heiligenstadt, Marktplatz 15, 37308 Heilbad Heiligenstadt, Tel. 036 06/67 79 03, www.heilbad-heiligenstadt.de, Mo–Fr 8–17, Sa 10–12, Mai–Sept. auch So 10–12 Uhr

Die 1000-jährige Stadt im Tal von Leine und Geislede an der Deutschen Märchenstraße ist an vielen Stellen märchenhaft schön, etwa im Märchen- oder im Heinrich-Heine-Park. Als historischer Verwaltungssitz des erzkatholischen Eichsfelds ist die Stadt von vielen Wallfahrtsorten und religiösem Brauchtum geprägt. In den vergangenen Jahrzehnten gelang es ihr, sich auch als Kurstadt zu profilieren.

Sehenswert

St. Martin

| Kirche |

Am höchsten Punkt der Altstadt gilt sie als Mutterkirche des Eichsfelds, da sie den Siedlungsursprung markiert. Allerdings wurde ihre Innenausstattung nach der Umwidmung zur evangelischen Stadtkirche 1803 auf andere katholische Kirchen verteilt. So kommt die gotische Architektur bestens zur Geltung. Zu den stadtbildprägenden Kirchen gehören auch St. Marien, St. Annenkapelle und St. Ägidien.

■ Friedensplatz 6, www.st-martin-heiligenstadt.de

Kurmainzer Schloss

| Architektur |

Den profanen Barockbau ließen einst die Mainzer Erzbischöfe bauen, um von hier aus das Eichsfeld zu verwalten. Wirkungsstätte des norddeutschen Dichters Theodor Storm von 1856 bis 1864 als preußischer Amtsrichter. Heute Sitz des Landratsamtes.

■ Friedensplatz 8

Literaturmuseum Theodor Storm

| Museum |

Neben vielen Informationen über Theodor Storm, dem Verfasser des »Schimmelreiter«, erfährt man im Mainzer Haus – einem der ältesten Häuser der Stadt – auch viel über Heinrich Heine. Der in einer jüdischen Familie geborene Schriftsteller ließ sich 27-jährig (1825) evangelisch in Heili-

genstadt taufen, als sein »Eintrittsbillett« in die europäische Gesellschaft.
■ Am Berge 2, www.stormmuseum.de, Di–Fr 10–17, Sa, So 14.30–16.30 Uhr, 2 €, erm. 1 €

Eichsfelder Heimatmuseum

| Museum |
Die Eichsfelder Geschichte wird im früheren Jesuitenkolleg präsentiert: Volkskultur, sakrale Kunstschätze sowie Historische Streckersche Vogelsammlung. Zudem wird an den Sohn der Stadt, Holzschnitzer Tilman Riemenschneider, erinnert, der im Jahr 1462 in der Klausgasse zur Welt kam.
■ Kollegiengasse 10, Di–Fr 10–17, Sa, So 14.30–17 Uhr, 2 €, erm. 1 €

Parken

Kostenlose Parkmöglichkeiten gibt es in der Wilhelm- und Ägidienstraße oder in der Herzberger Landstraße.

Restaurants

€€ | Klausenhof Ritterlich bis rustikal unterhalb der Burg Hanstein. ■ Friedensstr. 28, Bornhagen, Tel. 036081/61422, www.klausenhof.de, Mai–Okt. Mi–So 12–22 Uhr

€€ | Norddeutscher Bund Sehr gute Küche zu zivilen Preisen. ■ Göttinger Str. 25, Tel. 03606/55300, www.hotel-norddeutscher-bund.de, tgl. ab 12 Uhr

Cafés

Multhauf Köstlicher hausgebackener Kuchen. ■ Wilhelmstr. 15, Tel. 03606/600888, Mo–Do 10–18, Fr bis 19 Uhr

Entspannung

Vitalpark (Heinrich-Heine-Kurpark) Eichsfeld-Therme mit großem Wellnessbereich. Mehrere Schwimm- und Badebereiche, Saunen, Dampfbäder

Heilbad Heiligenstädter Barockgarten, rechts davon das Eichsfelder Heimatmuseum

Original erhaltene DDR-Grenzsperranlagen beim Grenzlandmuseum Eichsfeld

und Vitalbar. ■ In der Leineaue 1, Tel. 036 06/663 90, www.vitalpark-heiligenstadt.de, tgl. 8–21, Feiertag 10–20 Uhr, Tageskarte 18 €

In der Umgebung

Burg Hanstein

| Aussichtspunkt |

Die freie Lage der Burgruine (20 km von Heiligenstadt), eine der größten und schönsten Mitteldeutschlands, auf dem Plateau gewährt freie Sicht über das Leinetal ins Eichsfeld bis zur Burg Ludwigstein bei Witzenhausen. Anfang August: mittelalterliches Burgfest mit Handwerkermarkt, Gauklern, Figurentheater und Feuerwerk.

■ Bornhagen, www.burghanstein.de, März–Okt. tgl. 10–18, Nov.–Feb. tgl. 10–16, Dez.–Feb. Sa, So 10–16 Uhr, 3,50 €, erm. 1,50 €, unter 6 J. frei

50 Leinefelde-Worbis

Doppelstadt mit barocken Kirchen und viel Fachwerk

Information

■ Tourist-Info im Grenzland Eichsfeld e. V., Duderstädter Str. 7–9, 37339 Teistungen, Tel. 03 60 71/971 12, www.grenzland-museum.de, Di–So 10–17 Uhr

Zwischen den Hügelketten von Ohmgebirge und Dün liegen die beiden etwa 5 km voneinander entfernten Gemeinden Leinefelde und Worbis, die 2004 zur Doppelstadt Leinefelde-Worbis wurden und große Wallfahrtstraditionen pflegen. Worbis gehört zur Deutschen Fachwerkstraße vom »Harz zum Thüringer Wald«. Das denkmalgeschützte Rentamt (1574) mit geschnitzten und bemalten Schwellbalken und Fächerrosetten, das Scharfrichterhaus am Friedensplatz und das Heimatmuseum sind typische Architektur.

Sehenswert

St. Maria Magdalena

| Kirche |

Ab 1886 als dreischiffige neugotische Neue Kirche gebaut und als Patronat der hl. Maria Magdalena geweiht, da die alte Kirche zu klein wurde. Eingerichtet: Anfang des 20. Jh. mit Einbau eines Hochaltars (14./15.Jh.) und Bau eines Freilandkreuzweges. Das Taufbecken wurde von der alten Kirche übernommen. Die Kirche verfügt über einen 56 m hohen Turm mit Spitzdach.

■ Heiligenstädterstr. 7, Leinefelde, www.kirche-leinefelde.de

Haus Gülden Creutz

| Museum |

Als eins der typischen Fachwerkhäuser beherbergt es das Heimatmuseum mit regionaler Geschichte der Zigarrenfabrikation und Haarflechtkunst. Es existieren ein historisch nachempfundener Schankraum (17. Jh.), eine Schmetterlingssammlung und ein originales Tonnengewölbe im Keller.

■ Kirchstr. 19, Worbis, Mo, Mi–Fr 9–12, Sa 14–16.30 Uhr, 1 €, erm. 0,50 €

Kirche St. Nikolaus

| Wallfahrtsort |

Alljährlich ist sie um den 13. Juni Ziel einer der traditionellen Eichsfelder Wallfahrten. Aus dem Jahr 1756 stammend, besitzt sie einen spätgotischen Flügelaltar. Er stammt aus dem einstigen Zisterzienserkloster, von dem nur die Klosterkirche St. Antonius (1670) am Untertor blieb.

■ Friedensplatz 7, Worbis, www.kath-kirche-worbis.de

In der Umgebung

Burg Scharfenstein

| Aussichtsturm |

Die monumentale Architektur der Burganlage, die Vergangenheit und Gegenwart gekonnt vereint, beeindruckt. Vom Turm der 2006 rekonstruierten mittelalterlichen Höhenburg (12. Jh.), die heute vorwiegend für Tagungen und Veranstaltungen genutzt wird, öffnet sich der Blick übers weite Eichsfeld. Auch von der Terrasse des Burgcafés kann man diesen genießen.

Im Blickpunkt

Stadtumbau Ost

In den 1960er-Jahren war Leinefelde das Zentrum der ostdeutschen Textilproduktion. Die Bevölkerung wuchs rasant. Und mit ihr die mietgünstigen Wohnungen in den industriellen Plattenbauten. Nach der Wende 1989 und dem massiven Rückgang der Industrie beschlossen die Leinefelder Stadtväter den Umbau der Stadt. Ganze Straßenzüge des Leinefelder Plattenbauviertels im Süden wurden abgerissen, andere um Stockwerke reduziert und in kleinteiligere Reihenhäuser umgewandelt. Leinefelde wurde zum Modell für den Umgang mit sinkenden Einwohnerzahlen deutschlandweit.

Infos und Führungen: Deutsches Plattenbauzentrum, Bahnhofstr. 43, Leinefelde, Tel. 036 05/51 97 87, www.deutsches-plattenbauzentrum.de

■ Scharfenstein 1, www.burgscharfenstein-eichsfeld.de, tgl. 11–18 Uhr, Turm: 1 €

Grenzlandmuseum Eichsfeld

| Gedenkstätte |

Die Gedenkstätte erinnert an schikanöse DDR-Grenzkontrollen, den Schießbefehl und die Arbeit der Stasi. Der Grenzlandweg (4,7 km, jederzeit begehbar) führt vorbei an erhaltenen Wachanlagen und Zäunen.

■ Duderstädter Str. 5, Teistungen, Tel. 036071/97112, www.grenzlandmuseum.de, Di–So 10–17 Uhr, 4 €, erm. 3 €

51 Bleicherode

Durch den Ort zwischen Harz und Hainleite fließt die Bleiche

Information

■ Touristinformation Bleicherode, Hauptstr. 131, 99752 Bleicherode, Tel. 036338/45060 oder 30129, www.bleicherode.de, Di–Do 13–17, letzter Sa im Monat 9–12 Uhr

Die Stadt an den Bleicheröder Bergen an den Ausläufern des Südharzes ist stolz auf ihren denkmalgeschützten historischen Stadtkern. Sie gehört zur Deutschen Fachwerkstraße.

Sehenswert

Rathaus

| Architektur |

Der zweigeschossige, lang gestreckte Bau (1633) in Giebelstellung mit dem Wahrzeichen der einstigen Bergbaustadt, dem »Schneckenhengst«. Die 3,30 m hohe Eichenholz-Skulptur verkörpert einen sagenhaften Ritter, der die Stadt einst von Raubrittern befreit haben soll. Charakteristisch ist auch das typische Fachwerk des Gebäudes und ein Satteldach mit Dachturm.

■ Hauptstr. 37, www.bleicherode.de, nur von außen zu besichtigen

Gemeindemühle

| Mühle |

Erstmals urkundlich erwähnt wurde diese Wassermühle mit Vierseithof 1532. Bis 1993 produzierte sie Mehl. Sie ist zwar immer noch funktionstüchtig, kann aber nur noch museal besichtigt werden: Ein E-Motor treibt über Transmission sechs Doppelwalzenstühle an, dazu Elevatoren, vier Langplansichter und Schrotgang, techn. Stand ca. 1960, Francis-Turbine (Bj. 1925) zur Stromerzeugung – und alles funktioniert.

■ Gemeindemühlenweg 17, Tel. 36338/42796, Führungen nach Anmeldung

52 Sondershausen

Mit der Grubenbahn in den Kalistollen zum unterirdischen See

Information

■ Stadtinformation Sondershausen, Markt 7, 99706 Sondershausen, Tel. 03632/622822, www.sondershausen.de, Mo–Fr 9–17, Sa 10–14 Uhr

Ein typisches Thüringer Residenzstädtchen des einstigen Schwarzburger Adels. Ab 1890 prägte der Kaliabbau das Wirtschaftsleben der Stadt, in fast 500 m Tiefe hatte der Dortmunder Unternehmer Brügman damals Steinsalz gefunden. Über Jahrzehnte waren Stadt und Umland völlig mit Abbaustätten untertunnelt. Seit der Wende wurden die Stollen zumindest unter Sondershausen wieder verfüllt, um ein Absinken der Stadt zu vermeiden.

Sehenswert

Schlossmuseum

| Museum |

Das Schlossmuseum präsentiert den Reichtum der Fürsten, sortiert in 19 verschiedenen Sammlungen, die von der Biologie über die Keramik zu Grafiken, Handschriften, Numismatik und Uhren reichen.

■ Schloss 1, Di–So 10–17 Uhr, 7 €, erm. 4 €, Fam. 12 €, bis 6 J. frei

Erlebnisbergwerk Glückauf

| Bergwerk |

Die Stollen reichen bis 1050 m tief. Heute werden sie mit dem Rad oder der Grubenbahn befahren. Auch Konzerte in einem Saal tief unter der Erde und Laufveranstaltungen auf einem Rundkurs von 5,1 km Länge werden veranstaltet. Weniger anstrengend ist eine Kahnfahrt auf dem unterirdischen See oder eine Fahrt auf der 36 m langen Salzrutsche mit 40 % Gefälle.

■ Schachtstr. 20–22, Besuch nach Voranmeldung unter Tel. 036 32/65 52 80, www.erlebnisbergwerk.com, Di–Fr 11, 14, Sa 10, 14, So 11 Uhr, 24–30 €, erm. 20–25 €, Radtouren Sa, So 47 €

Restaurants

€€ | Jagdschloss Restaurant im Jagdschloss auf dem Possen. Besonders gut sind Spanferkel, Wild und Fischspezialitäten. ■ Schlossstr. 8, Possen, Tel. 036 32/78 28 84, www.possen.de, tgl. ab 10 Uhr, Mitte Nov.–Ende Feb. Mo geschl. außer in den Ferien

Kinder

Possen Die Schwarzburger Grafen verwandelten ihr Jagdhaus im 18. Jh. in ein schmuckes Schlösschen. Vom 42 m hohen Fachwerkturm genießt man herrliche Panoramablicke über die Landschaft. Wildgehege, Bärenzwinger, Vogelvolieren, Kinderspielplätze, Hochseilgarten, Kinderkletterwald für Kinder bis 7 Jahre und großer Biergarten vor dem Schloss. ■ Possen 1, Tel. 036 32/78 28 84, www.possen.de, Mai–Sept. tgl. 10–20, März, April, Okt.–Mitte Nov. Fr 13–19, Sa, So 10–19 Uhr, Turm: 1 €, Parkplatz: 6 €

Sport

Speedride Mit dem Einer- oder dem Doppelschlitten 760 m durch fünf Steilkurven der Sommerrodelbahn bis ins Tal sausen, danach wird im Wildlife Park eine lustige Affensuche veranstaltet. ■ Unterer Straußberg 6, Sondershausen OT Straußberg, Tel. 036 34/ 532 14, www.affenwald.info, April–Okt. tgl. 9–18 Uhr, Rodeln 2,50 €, Park 6 €, erm. 5 €

Viele Hundert Meter unter der Erdoberfläche: Erlebnisbergwerk Glückauf

53 Nordhausen

Roland – Freiheit, Macht und Gerechtigkeit im Thüringer Tor zum Harz

Information

■ Stadtinformation Nordhausen, Markt 1, 99734 Nordhausen, Tel. 036 31/69 67 97, www.nordhausen.de, Mo–Fr 9–16, Sa 10–13 Uhr

Kaiser Friedrich II. erhob den Ort 1220 zur Freien Reichsstadt. Als eine der ersten Städte des Reiches entschied sich der Rat 1524 für die Lehren Martin Luthers – nicht ganz uneigennützig, denn so konnte man Klosterbesitz innerhalb der Stadtmauern säkularisieren. Bis es 1802 an Preußen fiel, wahrte Nordhausen seinen Status als Freie Reichsstadt. Aufgrund seiner Nähe zum KZ Mittelbau-Dora (S. 123) und der Raketenproduktion war die Stadt 1945 Ziel verheerender Luftangriffe.
Die Roland-Figur existiert seit dem Jahr 1717 und überstand alle Kriege unbeschadet. Aus diesem Grund wird zu Ehren dieses Wahrzeichens seit 1955 alljährlich ein großes Fest begangen: das Rolandsfest.

Sehenswert

Altstadt

| Stadtbild |

Nordhausens Altstadt präsentiert sich mit Fachwerkhäusern mehrerer Jahrhunderte, mit vielen Geschäften und Cafés. Das Alte Rathaus (1610) steht als Symbol reichsstädtischer Freiheit, Macht und Gerechtigkeit. Deshalb steht eine Roland-Figur davor. In der Finkenburg gleich daneben traf sich einst die Gilde der Stadt.

Flohburg

| Museum |

In einer 1000 m² großen Ausstellung wird die bewegte Stadtgeschichte Nordhausens dargestellt. In einem der ältesten Gebäude der Stadt und dessen Anbau sind u. a. eine historische Bohlenstube und ein original erhaltener Tiefkeller zu sehen.

■ Barfüßerstr. 6, www.nordhausen.de unter »Erleben«, Di–So 10–17 Uhr, 5 €, erm. 3 €, Fr 2 €

Dom zum Heiligen Kreuz

| Dom |

Er wurde ab 1227, nach Umwandlung des Frauen- in ein Domherrenstift, umgebaut. Die Seitenwände des Chores dekorieren überlebensgroße Stifterfiguren König Heinrich I. und seiner Frau Mathilde, Otto des Großen und dessen Sohn Otto II. samt seiner Gemahlin Theophanou. Das Domreliquiar, ein Splitter vom Kreuz Christi in einem edelsteinbesetzten Schmuckkreuz, ist nur an den Tagen um das Fest der Kreuzerhöhung (14.9.) zu sehen.

■ Domstr. 5, www.heiligeskreuz-nordhausen.de, Mo–Fr 9–17, So/Feiertag 12–17 Uhr

ADAC Spartipp

Das Ticket für die Harzer Schmalspurbahn erhält man zum halben Preis, wenn man die Drei-Tages-Edition der **ThüringenCard** am Bahnhof Nordhausen oder beim Zugpersonal zeigt. Sie gilt an drei frei wählbaren Tagen bis 31. Dez. und kostet 39,90 €, erm. 26,90 €, unter 4 J. frei. Außerdem enthalten ist der Eintritt zu 200 Sehenswürdigkeiten sowie Stadtführungen. *www.thueringen.info/thueringen-card.html*

Kunsthaus Meyenburg

| Galerie |

Am nördlichen Rand des Zentrums. In der Jugendstilvilla von 1907 werden Drucke und Grafiken von Feininger, Warhol, Miró und Penck gezeigt. ■ Alexander-Puschkin-Str. 31, www.kunsthaus-meyenburg.de, Di–So 10–17 Uhr, 5 €, erm. 3 €, bis 16 J. frei

Verkehrsmittel

25 **Harzer Schmalspurbahn** Mit der historischen Harzer Schmalspurbahn beginnt von Nordhausen aus die legendäre Fahrt in den Harz zum Brocken. ■ www.hsb-wr.de, Hin- und Rückfahrt 51 €, erm. 20,50-30,50 €, unter 6 J. frei, einmalig freie Fahrt mit der Drei-Tages-ThüringenCard (S. 122)

Restaurants

€-€€ | Alt Nordhausen Mitten in der Altstadt mit guter Thüringer Küche und Spezialbier. ■ Altendorf 51, Tel. 0 36 31/90 29 18, www.alt-nordhausen.net, Di–Sa 17–23, So 11.30–14 Uhr

€€ | Felix Nordhausen Spezieller Genuss in trendigem Ambiente. ■ Barfüßerstr. 12, Tel. 036 31/60 22 00, www.felix-nordhausen, Di–Sa ab 16 Uhr

Erlebnisse

Zurück in die Steinzeit Im wunderschönen Schloss Heringen, mitten in der Goldenen Aue, kann man das »älteste Dorf Thüringens« und die »Steinzeit« besuchen. In Raphaels Studienstätte nebenan lässt es sich gut übernachten. ■ Schlossplatz 1, Heringen/Helme, Tel. 03 63 33/738 88, www.stadt-heringen.de, Di–Fr 10–17, Sa, So 10–16 Uhr, 4,50 €, erm. 3 €, Fam. 10 €

Im Blickpunkt

Konzentrationslager Mittelbau-Dora

Das KZ steht exemplarisch für die Geschichte der Zwangsarbeit in der Rüstungsindustrie des Zweiten Weltkriegs. SS und Rüstungsministerium verlegten damals die Produktion der A 4 unterirdisch in das Stollensystem von Kohnstein, das spätere Lager Dora. Innerhalb dreier Monate mussten 10 000 Häftlinge aus dem KZ Buchenwald in die Stollen, um dort die Waffenfabrik zu bauen. Monatlich starben etwa 500 Menschen an Hunger und Erschöpfung. Im Frühjahr 1945 lebten etwa 40 000 Häftlinge im Hauptlager Dora und dessen 40 Außenlagern. Im April 1945 kam der Befehl zur »Evakuierung«. In völlig überfüllten Zügen oder auf mörderischen Fußmärschen wurden die Häftlinge in die Konzentrationslager von Bergen-Belsen und Sachsenhausen getrieben. Als Einheiten der III. US-Armee das Lager am 11. April 1945 erreichten, fanden sie nur noch einige Hundert Häftlinge vor.

Die Ruinen der Außenanlagen mit Appellplatz, Resten der Baracken und der Hinrichtungsstätte lassen noch immer schaudern. Teile der früheren Stollenanlagen unter Tage sind im Rahmen einer Führung zugänglich.

Kohnsteinweg 20, 99734 Nordhausen, www.dora.de, März–Okt. Di–So 10–18, Nov.–Feb. Di–So 10–16 Uhr, Außenanlagen tgl. bis Sonnenuntergang

Übernachten

Die wilde und ursprüngliche Natur in der nördlichen Region Thüringens, die geschichtsträchtigen Plätze des Mittelalters, die sagenumwobenen Orte des Kyffhäusers und das religiöse Brauchtum im Eichsfeld locken jährlich Tausende Besucher in diese Gegend am Südrand des Harzes.

Kyffhäuser 110

€ | **Grabenmühle** 1647 als Ölmühle erbaut, mit Garten. ■ Am Wallgraben 1, 06567 Bad Frankenhausen, Tel. 034671/569 40, www.gasthof-grabenmuehle.de

Artern 111

€ | **Friedchen** Mit Familienzimmern und Bauernstube, eigener Fleischerei und ausgewogenem Frühstück. ■ Nordstr. 1, 06556 Artern, Tel. 03466/30 28 16, www.hotel-friedrich.de

Heldrungen 112

€ | **Promenadenhof** Schöner Hof in Fachwerk-Ziegelbauweise, gepflegte Zimmer, hervorragende Küche. ■ Promenade 16, 99631 Weißensee, Tel. 036374/22 20, www.promenadenhof.de

Mühlhausen 113

€ | **Brauhaus zum Löwen** Zentral gelegenes Komforthotel mit Terrasse auf dem idyllischen Kornmarkt. ■ Felchtaer Str. 2–4, 99974 Mühlhausen, Tel. 03601/47 10, www.goebel-hotels.com

€ | **Kloster Volkenroda** Übernachten hinter Klostermauern in schlicht eingerichteten Zimmern. ■ Amtshof 3, 99998 Volkenroda, Tel. 036025/55 90, www.kloster-volkenroda.de

Nationalpark Hainich 115

€€ | **Schloss Goldacker** Liebevoll saniertes Schloss mit romantischen Zimmern. ■ Am Schloss 11, 99947 Weberstedt, Tel. 036022/18 41 12, www.schloss-goldacker.com

Heilbad Heiligenstadt 116

€€ | **Am Jüdenhof** Traditionshaus mitten in der Altstadt. ■ Am Jüdenhof 5–7, 37308 Heilbad Heiligenstadt, Tel. 03606/66 38 88, www.am-juedenhof.de

Bleicherode 120

€ | **Berliner Hof** Schönes Fachwerkhaus in der Altstadt. ■ Hauptstr. 62, 99752 Bleicherode, Tel. 036338/424 54, www.hotel-berliner-hof-bleicherode.de

Sondershausen 120

€ | **Nucke** Ländliche Pension und Reiterhof, mit Café. ■ Gerhart-Hauptmann-Str. 19, 99706 Sondershausen, Tel. 03632/60 22 13, www.reiterhof-nucke.de

Nordhausen 122

€ | **Am Stadtpark** Nettes Haus am nördlichen Stadtrand. ■ Parkallee 8a, 99734 Nordhausen, Tel. 03631/98 21 75, www.am-stadtpark-nordhausen.de

SATT UND GLÜCKLICH!
Yes we camp!
DER KULINARISCHE CAMPINGFÜHRER
BEI DEN SCHÖNSTEN GASTHÖFEN KOSTENLOS ÜBERNACHTEN
GÄSTE-VIGNETTE
2022 2023
PIN CAMP
powered by ADAC
© shutterstock.com/Conny Pokorny

ADAC Service Thüringen

Beim **ADAC Infoservice**, in den **ADAC Geschäftsstellen** sowie auf dem **Internetportal des ADAC** (adac.de) erhalten Sie Informationen zu den Dienstleistungen des Automobilclubs und zu Ihrem Reiseziel. So können Sie sich von der **ADAC Trips App** (adac.de/services/apps/trips) via Smartphone oder Tablet-PC inspirieren lassen oder als **ADAC Mitglied** das kostenlose **ADAC Tourset® Erfurt, Weimar, Thüringer Wald** (adac.de/reise-freizeit/reiseplanung/tourset) mit vielen Reiseinfos und Karten anfordern. Bei Pannen und Notfällen steht Ihnen unser Team rund um die Uhr telefonisch und digital (adac.de/hilfe und ADAC Pannenhilfe App) zur Verfügung.

ADAC Info-Service

T 0800 510 11 12
Infos zu allen ADAC Leistungen
(Mo–Sa 8–20 Uhr, gebührenfrei)

ADAC Pannenhilfe Deutschland

T 089 20 20 40 00, Mobil 22 22 22
(Verbindungskosten je nach
Netzbetreiber/Provider)

ADAC Ambulanzdienst

T +49 89 76 76 76
(Erkrankung, Unfall, Verletzung,
Transportfragen, Todesfall)

ADAC Pannenhilfe Ausland

T +49 89 22 22 22
(Verbindungskosten je nach
Netzbetreiber/Provider)

Online-Angebote des ADAC für Ihre Reiseplanung

Service	**Webadresse**
Reiseinspirationen, -planung und -hinweise	adac.de/reise-freizeit/reiseplanung
Aktuelle Verkehrslage	adac.de/verkehr
Individuelle Routenplanung	adac.de/maps
Infos zu Tankstellen und Spritpreisen	adac.de/tanken
Infos zu mautpflichtigen Strecken	adac.de/reise-freizeit/maut-vignette
Infos zu Fährverbindungen	adac.de/faehren
Aktuelle Infos vor Reiseantritt	adac.de/tourmail
Informationen für Camper	adac.de/camping
Informationen für Motorrad- und Oldtimerfahrer	adac.de/reise-freizeit/reisen-motorrad-oldtimer
Informationen für Segler und Skipper	skipper.adac.de
ADAC Reiseangebote	adacreisen.de
ADAC Autovermietung	adac.de/autovermietung
ADAC Versicherungen für den Urlaub	adac.de/versicherungen
Weltweite Preisvorteile für ADAC Mitglieder	adac.de/vorteile-international
Telemedizinische Beratung	adac.de/meinmedical

Diese **Produkte des ADAC** könnten Sie interessieren: **ADAC Reiseführer Dresden, ADAC Reiseführer Harz, ADAC Reiseführer Leipzig und ADAC Campingführer Deutschland/Nordeuropa** – erhältlich im Buchhandel, bei den ADAC Geschäftsstellen und in unserem ADAC Online-Shop (adac.de/shop).

Anreise

Auto

In West-Ost-Richtung wird Thüringen im Norden von der **A 38** von Göttingen nach Leipzig und im Süden von der **A 4** Frankfurt a. M.–Dresden gequert. In Nord-Süd-Richtung schneidet die **A 9** Berlin–Nürnberg Thüringen. Von der Südharzautobahn **A 38** besteht mit der **A 71** eine Verbindungsstrecke nach Nordbayern, die sich bei Suhl nach Schweinfurt (Unterfranken) und nach Bamberg (**A 73**) verzweigt.

Bahn

ICE und **IC** befahren die Strecke Frankfurt a. M.–Fulda–Eisenach–Erfurt etwa stündlich, ebenso die Nord-Süd-Verbindung Berlin–Erfurt–München. Erfurt ist seit 2017 ICE-Verkehrsknotenpunkt der Hochgeschwindigkeitsstrecke Berlin–München, die eine Zeitersparnis von zwei Stunden bringt. DB und Privatbahnen erschließen auch kleine Orte.

Das **Thüringen-Ticket** der Deutschen Bahn kostet für eine Person 25, für vier Personen 49 €, es gilt von Mo bis Fr von 9 bis 3 Uhr des folgenden Tages, an Wochenenden ganztags in allen Nahverkehrszügen der DB, auch auf den Strecken privater Betreiber.

■ Deutsche Bahn, Hotline: 030 29 70 (dt. Festnetz 20 ct/Anruf, dt. Mobilfunknetz max. 60 ct/Anruf), Tel. 08 00/ 150 70 90 (gebührenfrei, automatische Fahrplanansage), www.bahn.de

Regionalbus

Die Linien sind meist nach Landkreisen organisiert und nicht in einem Verkehrsverbund zusammengeschlossen, d.h., jede einzelne hat ihre eigenen Fahrkarten. Der **Rennsteig-Bus** befährt die Strecken Gotha-Oberhof–Suhl, Suhl–Ilmenau, Oberhof–Frauenwald–Schmiedefeld, Gehlberg–Schmücke, Suhl–Schleusingen–Hildburghausen und Masserberg–Eisfeld.

Fernbus

Mittlerweile fahren auch Fernbusse nach Thüringen. **Haltepunkte** gibt es in Nordhausen, Gera, Schleiz, Jena, Weimar, Erfurt, Gotha, Eisenach, Suhl/ Zella-Mehlis, Ilmenau, Saalfeld, Rudolstadt, Uhlstädt Orlamünde oder Kahla. Tickets gibt es z B. für die Strecken Leipzig–Erfurt ab 4,99 €, Dresden–Gera ab 5,99 €, Berlin–Jena ab 7,90 € und Frankfurt/Oder–Gotha ab 13,99 €.

■ www.busliniensuche.de, www.checkmybus.de

Flugzeug

Anreise mit der **Stadtbahnlinie 4** der Erfurter Verkehrsbetriebe AG wochentags im 10-Min.-Takt, am Wochenende im 30-Min.-Takt vom Hauptbahnhof bis zum Flughafen in 20 Min., Haltestelle Flughafen Bindersleben, Halt unmittelbar gegenüber dem Terminal.

Flughafen Erfurt GmbH, Binderslebener Landstr. 100, 99092 Erfurt, Tel. 03 61/656 22 00, www.flughafen-erfurt-weimar.de

Auto und Verkehr

Verkehrsvorschriften

In der Innenstadt Erfurt benötigen Fahrer seit 2022 **keine** grüne Umweltplakette mehr. Die thüringische Landeshauptstadt ist keine **Umweltzone** mehr. Das Thüringer Oberverwaltungsgericht hat die Notwendigkeit dafür in **Erfurt** gekippt.

Barrierefreies Reisen

Das Schlosshotel am Hainich z. B., Tel. 03 62 54/850 90, www.schlosshotel-am-hainich.de, bietet mobilitätseingeschränkten Menschen Urlaub ohne Barrieren. Oder: Im Nationalpark Hainich vermittelt der Erlebnispfad Brunstal Geh- wie Sehbehinderten an neun Stationen Informationen über den Wald (Beginn am Wanderparkplatz »Fuchsfarm« bei Mülverstedt).
Viele weitere Reisetipps und Freizeitangebote zu barrierefreien Angeboten, Anreisen mit Bus oder Bahn sowie Unterkünfte findet man auf www.thueringen-entdecken.de.
Der Prospekt »Thüringen barrierefrei – Reisetipps und Freizeitangebote« ist kostenlos zu bestellen bei der Tourist Information Thüringen, Tel. 03 61/374 20, www.thueringen-entdecken.de.
Detaillierte Informationen erhält man auch beim Blinden- und Sehbehindertenverband Erfurt unter Tel. 03 61/562 75 98.

Diplomatische Vertretungen

Schweizerisches Honorarkonsulat

■ Placidus-Muth Str. 1, 99084 Erfurt, Tel. 03 61/223 31 24, www.eda.admin.ch

Österreichische Botschaft

■ Stauffenbergstr. 1, 10785 Berlin, Tel. 030/20 28 70, www.auswaertiges-amt.de, Mo, Di, Do, Fr 9–13, Mi 12–16 Uhr

Feiertage

1. Jan. (Neujahr), Karfreitag, Ostermontag, 1. Mai (Tag der Arbeit), Christi Himmelfahrt, Pfingstmontag, 20. Sept. (Weltkindertag), 3. Okt. (Tag der Deutschen Einheit), 31. Okt. (Reformationstag), 25./26. Dez. (Weihnachten).

Geld

Banken und Sparkassen sind meist Mo–Fr 9–13 und 14.30–16, Do bis 18 Uhr geöffnet. Abheben mit EC- und Kreditkarten ist in allen Filialen rund um die Uhr am Automaten möglich. Fast alle Geschäfte, Hotels und Restaurants akzeptieren diese Zahlungsmittel.

Kosten im Urlaub

(durchschnittliches Preisniveau)

Tasse Kaffee	2,50 €
Softdrink (Limonade)	2 €
Glas Bier (0,4 Liter)	4 €
Glas Wein (0,2 Liter)	5 €
Hauptgericht (Restaurant)	16 €
Eintritt staatl. Museen	6 €, erm. 4 €
Mietwagen / Tag	ab 45 €
ÖPNV (Einzelfahrt)	2,30 €

Gesundheit

Für Österreicher und Schweizer ist die Vorlage einer **europäischen Versicherungskarte** ausreichend.

Apotheken haben i. d. R. Mo–Sa 9–18 Uhr geöffnet.

Brauchen Sie einen Arzt, dann hilft der **Ärztliche Bereitschaftsdienst**. In Thüringen existieren 28 Zentralen, vorrangig in Krankenhäusern.
■ Tel. 11 61 17 (Mo–Do 18–7, Fr 13–24, Sa, So rund um die Uhr, kostenfrei)

Zahnärztlicher Notdienst

■ Tel. 11 61 17 (kostenfrei)

Informationen

Der Regionalverbund Thüringer Wald e.V. ist unter Tel. 03681/26934280 oder www.thueringer-wald.com zu erreichen.

Klima und beste Reisezeit

Innerhalb Thüringens herrschen große klimatische Unterschiede. Die Region um Erfurt hat warmes und gemäßigtes Klima. Es fallen erhebliche Mengen an Niederschlägen. Sogar im trockensten Monat regnet es relativ viel. Die Jahresdurchschnittstemperatur in Erfurt beträgt etwa 8,5 °C. Jährliche Niederschlagsmenge: durchschnittlich 502 mm.

Wer im Winter reist, kann über das Thüringer Schneetelefon, Tel. 0800/7236488 (gebührenfrei), mehr über das aktuelle Wetter erfahren.

Klimatabelle Erfurt

Monat	Luft (°C) (min./max.)	Sonne (h/Tag)	Regentage
Jan.	-4/1	1,6	7
Feb.	-3/2	2,6	7
März	-1/7	3,6	8
April	3/12	5,1	9
Mai	7/17	6,6	10
Juni	10/20	6,8	10
Juli	12/22	7,1	8
Aug.	12/22	6,6	9
Sept.	9/18	5,2	8
Okt.	5/13	3,7	6
Nov.	1/6	2,0	7
Dez.	-2/3	1,4	7

Medien

Der Kinderkanal **KiKa** von ARD und ZDF sendet aus dem Landesfunkhaus des MDR.

Nachtleben

Der Stage Club in der Erfurter Innenstadt ist die neue Eventlocation in stilvollem Ambiente mit fünf Bars und erstklassigen Künstlern. Mindestalter 21 Jahre.

■ www.stageclub-erfurt.de

Notfall

Nach einem **Unfall** sofort anhalten, Unfallstelle absichern und ggf. Erste Hilfe leisten. Bei **Personenschäden** Polizei verständigen (Notruf 112). Die **ADAC Pannenhilfe** hilft Mitgliedern bei Fahrzeugpannen und -unfällen (Tel. 089/20204000).
Unbedingt Kennzeichen, Name und Anschrift von Fahrern und Haltern der am Unfall beteiligten Fahrzeuge sowie deren Haftpflichtversicherung und **Versicherungsnummer** notieren. Gleiches gilt für die Kontaktdaten etwaiger Unfallzeugen und die Unfallstelle fotografieren. Lassen Sie sich bei Problemen vom ADAC beraten.
Schadensansprüche können Sie bei der gegnerischen Versicherung oder mithilfe eines Anwalts (Verkehrsrecht) geltend machen. Dieser wird Ihnen über den Zentralruf der Autoversicherer vermittelt.

Zentralruf der Autoversicherer Auskunftsstelle / GDV

■ Glockengießerwall 1, 20095 Hamburg, Tel. 0800/2502600, +49/403/0033 0300, www.gdv-dl.de

Festivals und Events

Februar

Karnevalsauftakt (Do vor Karneval, Eichsfeld) – Fetter Donnerstag.

Wasunger Karneval (Wasungen) – Karnevalssamstag ist Höhepunkt.

März/April

Sommergewinn (Eisenach, www.sommergewinnszunft.de) – Größtes Frühlingsfest Deutschlands drei Wochen vor Ostern.

April

Thüringer Bachwochen (verschiedene Orte, www.thueringer-bachwochen.de).

Mai

Gothardusfest in Gotha (www.gothardusfest.de) – Volksfest zu Ehren des Schutzpatrons.

Mai

Walpurgisnacht (Nacht zum 1. Mai, www.walpurgis.de) – U. a. auf dem Blocksberg auf dem Hexentanzplatz.

Juni

Traditionelles Krämerbrückenfest (Erfurt, drittes Juniwochenende).

Thüringer Literatur- und Autorentage (Ranis, www.lesezeichen-ev.de).

Juli

Rudolstadt-Festival (erstes Juliwochenende, www.rudolstadt-festival.de).

August

Kulturfestival in der Klosterruine (Paulinzella, www.kulturfestival-paulinzella.de).

Dornburger Schlössernacht (vorletzter Augustsamstag, Dornburg, www.dornburger-schloessernacht.de).

September

Meininger Kleinkunsttage (www.meininger-kleinkunsttage.de) – Mit viel Theater und Musik.

Oktober

Höhlerfest (Gera, www.gera.de) – Geras Stadtfest.

Theresienfest (Hildburghausen, www.theresienfest.de) – Fest anlässlich der Heirat Ludwig I. mit Prinzessin Therese von Hildburghausen.

Zwiebelmarkt (zweites Oktoberwochenende, Weimar) – Größtes Volksfest Thüringens.

November

Martinsfest (10. Nov., Erfurt). Am Vorabend des Martinstages wird sowohl Stadtpatron Martin von Tours' als auch Martin Luthers gedacht.

Dezember

Kugelmarkt (Lauscha, www.kugelmarkt.com, erste zwei Dezemberwochenenden) – Uriger Spezialmarkt mit handgefertigtem Christbaumschmuck.

Öffnungszeiten

Die Geschäfte in den kleineren Orten Thüringens sind meistens von 8–18 Uhr, Supermärkte i. d. R. von 8–20 Uhr geöffnet.
Postfilialen öffnen meist Mo–Fr 8–12 und 14–18 sowie Sa 8–12 Uhr. In kleineren Orten übernehmen Agenturen in Lebensmittel- oder Schreibwarenläden die Postdienste.
Öffnungszeiten von Banken siehe Eintrag Geld (S. 128).

Parken

An jedem der neun **P&R Stellplätze** in **Erfurt** besteht Anschluss der Stadtbahn, die alle im 10-Min.-Takt zum Anger in der Innenstadt fahren.
In **Gera** existiert ein P&R Stellplatz am Hauptbahnhof mit Bus-Anschluss.

Rauchen

Laut Thüringer Nichtraucherschutzgesetz (ThürNRSchutzG) ist das Rauchen seit 1. Juli 2008 in öffentlichen Gebäuden, Behörden, Gesundheits-, Erziehungs-, Bildungs-, Sport- und Kultureinrichtungen, in Einrichtungen für Dienstleistungen und Handel, auf Flughäfen sowie in Gaststätten, Beherbergungsbetrieben, Diskotheken und sonstigen vollständig umschlossenen Räumen, einschließlich der Nebenräume und -gebäude, verboten.

Sicherheit

Der Freistaat Thüringen unternimmt alle Anstrengungen zum Schutz der Bürger. Angefangen vom Schutz sensibler Daten bis hin zur persönlichen Sicherheit.

■ IT-Sicherheitsbeauftragter: Tel. 0361/1170, www.polizei.thueringen.de, www.online-strafanzeige.de

Sport

Angeln

Für die Thüringer Gewässer gilt: Fischereischein und Angelkarte sind nötig, die Thüringer Fischereiverordnung ist zu beachten. Angelkarten gibt es bei den jeweiligen Tourismusämtern (siehe Informationen im Innenteil des Reiseführers).

■ Verband für Angeln und Naturschutz Thüringen e.V., Tel. 03 67 42/14 99 99, www.anglertreff-thueringen.de

Baden

Die größten Freizeitseen sind durch das Aufstauen der Saale entstanden, etwa der **Bleilochstausee** und der **Hohenwarte-Stausee**. Darüber hinaus gibt es mehr als 20 **Erlebnisbäder**, z. B. in Mühlhausen, Bad Langensalza, Bad Frankenhausen oder Bad Sulza.

Golf

Mit Golfsportanlagen ist Thüringen gut ausgestattet, z. B.:

Golfclub Eisenach im Wartburgkreis e. V.

■ Am Röderweg 3, Hörselberg-Hainich, Tel. 03 69 20/718 71, www.golf-eisenach.de

Golf Jena GmbH

■ Münchenroda 31, Jena, Tel. 036 41/38 42 27, www.golf-jena.de

Thüringer Golfclub »Drei Gleichen«

■ Gut Ringhofen, Drei Gleichen, OT Mühlberg, Tel. 03 62 56/217 40, www.thueringer-golfclub.de

Klettern
Im Thüringer Wald gibt es einige gute Kletterfelsen. Von **Tabarz** aus erreicht man den **Lauchagrund** nach nur wenigen Kilometern Richtung Süden. Anspruchsvoll ist die Route **»Dire Straits«** am Teufelsgrad. Südlich von Tambach-Dietharz über Forststraßen (keine Autos) nach ca. 10 km: **Falkenstein** im Schmalwassergrund.

Da es während der **Vogelbrutzeit** an einigen Felsen zu Sperrungen kommen kann, sollte man sich vorab über die aktuelle Situation informieren. Infos: Thüringer Bergsteigerbund e.V., Tel. 0361/2113520, www.dav-erfurt.de.

Laufen
Informationen zum **GutsMuths-Rennsteiglauf** (S. 68) erteilt die Rennsteiglauf GmbH, Schmiedefeld, Tel. 06782/61237, www.rennsteiglauf.de.

Mountainbike
Eine echte Herausforderung ist der **Rennsteig-Wanderweg** (168,3 km, 3480 Höhenmeter). Einfacher zu fahren ist der **Rennsteig-Radwanderweg** (S. 132 re.). Genauso schön sind Touren in der Rhön, z. B. der **Rhön-Rennsteig-Weg** (98 km, 2170 Höhenmeter, kein Rundkurs, www.thueringerrhoen.de).

Nordic Walking
Nordic-Walking-Park Tabarz, fünf Strecken, Infotafel am Parkplatz des Hotels Wiesenhaus, www.tabarz.de.

Nordic-Walking-Park Goldene Aue bei Heringen (nördl. von Sondershausen); zwei gut ausgeschilderte Wege.

■ www.tourismus-goldeneaue.de

DSV Nordic Walking Zentrum Thüringer Vogtland, sechs ausgeschilderte Strecken zwischen 2 und 18 km. Startpunkte sind Weißendorf, das Seehotel Zeulenroda (jeweils mit Stockverleih und Umkleide) und Zadelsdorf.

■ www.thueringer-wald.com

Radwandern
Der **Unstrut-Radweg** (190 km) folgt dem Fluss von der Quelle im Eichsfeld bei Kefferhausen bis zur Mündung in die Saale bei Naumburg.

■ www.unstrutradweg.de

Der **Werratal-Radweg** (306 km) führt durch Thüringen, von den beiden Quellen am Rennsteig bis nach Hann.

■ www.werratal.de

Der **Gera-Radweg** (75 km) verläuft von der Quelle im Thüringer Wald bis zur Mündung in die Unstrut bei Gebesee.

■ www.geraradweg.de

Der **Ilmtal-Radwanderweg** (125 km) begleitet den Fluss von Frauenwald im Thüringer Wald (Quelle) bis zur Mündung in die Saale in Ostthüringen, nahe Großheringen.

■ www.ilmtal-radweg.de

Der **Saaleradweg** (409 km, davon 180 km in Thüringen) folgt der Saale von Sparnberg bzw. Blankenstein bis nach Großheringen.

■ www.saaleradweg.de

Der **Elsterradweg** (ca. 74 km) führt von Greiz-Sachswitz bis Crossen durch Thüringen.

■ www.elsterradweg.de

Etwas anspruchsvoller sind der **Rennsteig-Radwanderweg** (195 km), der auf dem Kamm des Thüringer Waldes von Eisenach bis Blankenstein verläuft, und die **Thüringer Städtekette**, die auf 225 km sieben der schönsten Thüringer Städte zwischen Altenburg und Eisenach verbindet.

■ www.rennsteig.de, www.thueringer-staedtekette.de

Sommerrodelbahnen

Rodeln kann man in Thüringen zu jeder Jahreszeit. Am Pappenheimer Berg am Rennsteig (www.sommerrodelbahn-ernstthal.de) ist das von Mitte April–Aug. tgl. 10–18, Sept., Okt. Di–So 10–17 Uhr möglich (kostenlose Parkplätze direkt am Eingang). In Saalburg (Am Kulmberg 1 a) von April–Okt. tgl. 10–17 Uhr. Die Allwetterrodelbahn »Alpine Coaster« in Dittrichshütte (www.dittrichshuette.de/rodelbahn-thueringen) erwartet ihre Gäste im April Sa, So und in den Ferien 11–18 sowie von Mai–Ende Okt. Mo–Fr 11–18, Sa, So und in den Ferien 10–18 Uhr.

Wandern

Der bekannteste Wanderweg Thüringens ist der **Rennsteig**. Im Jahr 1830 vermaß ihn der Straßenbauer Julius von Plänckner von Hörschel an der Werra im Nordwesten bis Blankenstein an der Saale im Südwesten und teilte seine 168 km in fünf Tagesetappen ein. Der 1892 gegründete Rennsteigverein veranschlagt für eine Runst – so nennen seine Mitglieder die Komplettbeschreitung des Rennsteiges – sechs Etappen. Der mit einem weißen R markierte Weg führt auf dem Kamm des Thüringer Waldes entlang.

■ www.rennsteig.de

Das **Grüne Band** entlang der ehemaligen deutschen Grenze zwischen Mödlareuth nördlich von Hof und Stockheim südlich von Sonneberg ist mit 15 Wander- und Fahrradrouten ausgewiesen. Ein guter Ausgangspunkt für die Erkundung des Grünen Bandes ist das Deutsch-Deutsche Museum Mödlareuth (Mödlareuth 13, 95183 Töpen, Tel. 092 95/13 34, www.moedlareuth.de, März–Okt. Di–So 9–18, Nov.–Feb. Di–So 9–17 Uhr).

■ www.bund.net/service

Weitere schöne Wanderwege sind der **Goethewanderweg** von Ilmenau nach Stützerbach (20 km), der **Kyffhäuserweg** (ca. 37 km) und der **Vogtland Panoramaweg** (220 km, zwölf Etappen).

Wanderkarten gibt es im örtlichen Buchhandel, beim Landesvermessungsamt oder in den Tourist-Informationsämtern.

Interaktive Online Wanderkarte

Die KOMPASS Wanderkarte ist ideal für eine Tourplanung. Hier sind alle wichtigen Wanderwege, -pfade und -steige enthalten und gekennzeichnet. Daneben stehen Informationen zu Sport und Freizeit.

■ www.kompass.de

Wassersport und Wasserwandern

Die Flüsse **Werra** (www.werratal.de) und **Unstrut** (www.blaues-band.de/unstrut) eignen sich besonders zum **Kanu-** und **Kajakfahren**, während die **Saale** an **Bleilochtalsperre** und **Hohenwartetalsperre** auch das **Segeln** erlaubt.

Kanustationen existieren in:

■ Henfstädt (bei Themar an der Werra), Tel. 03 68 73/696 71, www.kanureich.de

■ Camburg, Tel. 03 64 21/247 36, www.saalekanutours.de

■ Creuzburg, Tel. 03 69 26/724 64, www.werratal-tours.de
■ Ritteburg, Tel. 03 66/32 23 32, Mobil 0171/851 19 35

Mit Wassertouristik Camburg kann man **Floßfahrten auf der Saale** unternehmen.
■ Tel. 03 64 21/235 89, www.wassertouristik-camburg.de

Auch die Uhlstädter Touristische Saaleflößerei GbR organisiert **Floßfahrten auf der Saale**. Buchung im Voraus ist notwendig.
■ Tel. 03 67 42/623 46

Wintersport

Thüringen verfügt über mehr als 200 **Loipenkilometer** und rund 1800 km **Skiwanderwege**. Wer dafür fit sein möchte, kann in Kursen trainieren, so in der Oberhofer Skischule (Mobil 01 76/62 37 37 86, www.erste-oberhofer-skischule.de) oder bei Sport-Hellmann Tabarz (Tel. 03 62 59/508 52, www.sport-hellmann.de).

Schlittenfahren kann man z. B. in Masserberg am Ortsausgang Fehrenbach; in Oberhof an der »Alten Golfwiese«, in Schmiedefeld am Kurpark, in Stützerbach am Schlossberg – abends auch mit Flutlicht –, in Suhl-Vesser, Trusetal und Wurzbach sind am Skilift gut befahrbare Strecken präpariert.

Stadtführungen

Erfurt: Stadtführungen Erfurt – von kulinarisch bis historisch, Tel. 03 61/664 01 20, citytour@erfurt-tourismus.de, z. B. historische Altstadt (2 Std., 8 €, erm. 5 €, mit ErfurtCard kostenfrei), oder mit der historischen Straßenbahn (ab 11 €).

Weimar: Stadtführungen Weimar, Am Markt 10, 99423 Weimar, Tel. 036 43/74 50, www.weimar.de, tgl. 10 und 14 Uhr

Gotha: Die Tourist-Information bietet neben öffentlichen Stadtführungen (Sa 11, April–Okt. auch Mi und So 11 Uhr, Treff: historisches Rathaus, Hauptmarkt, 8 €, erm. 4 €, bis 16 J. in Begleitung eines Erwachsenen frei) auch Erlebnisrundgänge an (ab 8 €), z. B. mit Professor Galletti (S. 47).

Jena: Öffentliche Stadtführung »Jena – Zwischen Historie und Hightech«, Mo, Mi, Sa jeweils 14 Uhr, April–Okt. auch Do 14 und So 11 Uhr, Treff: Jena-Tourist-Information, Markt 16, 7 €, erm. 5 €, Nutzer der JenaCard und der ThüringenCard frei, Dauer 1,5–2 Std.

Telefon und Internet

Internet und WLAN sind gut ausgebaut. Der Ausbau von Breitband ist flächendeckend fast abgeschlossen. Kostenloses Internet ist in erster Linie auf öffentlichen Plätzen und an bedeutenden Sehenswürdigkeiten und Einrichtungen wie Museen oder Theatern verfügbar.

Unterkunft und Hotels

Camping

In Thüringen bestehen über 60 Campingplätze. Eine detaillierte Beschreibung vieler dieser Plätze bieten die jährlich erscheinenden **ADAC Campingführer** und **ADAC Stellplatzführer**, die im Buchhandel oder bei den

ADAC Geschäftsstellen erhältlich sind (siehe auch dazugehörige Apps).

Jugendherbergen

Wer Mitglied im **Deutschen Jugendherbergswerk** (DJH) oder in einem anderen Verband der **International Youth Hostel Federation** (IYHF) ist, kann unabhängig vom Alter in einem der insgesamt 16 Häuser in Thüringen übernachten.

■ DJH-Landesverband Thüringen e.V., Service-Center Thüringen, Tel. 035 43/850 00, www.thueringen.jugendherberge.de

Hotels

Eine Auswahl empfehlenswerter Hotels und Pensionen finden Sie auf den Hotel-Doppelseiten jeweils am Ende der Buchkapitel auf den Seiten 48/49, 60/61, 72/73, 90/91, 106/107 und 124.

Wanderheime

Im Thüringer Wald heißen Wanderheime **Hütten** oder **Bauden**. Sie können über die Gästeinformation Brotterode für den gesamten Rennsteig zentral gebucht werden.

■ www.tourismus.brotterode-trusetal.de

Vergünstigungen

Die **ThüringenCard** (www.thueringencard.info) ermöglicht freien Eintritt zu über 200 Attraktionen. Man erhält sie bei der Tourist-Information Thüringen oder online (siehe auch ADAC-Spartipp S. 122).

Die ein Jahr lang gültige **Thüringer Wald Card** (Tel. 03 67 04/709 90, www.thueringer-wald-card.info) gewährt Preisnachlässe auf über 350 Sehenswürdigkeiten.

Verkehrsmittel im Land

Neben Bus und Bahn (S. 127) kann man auch mit dem Rad von Ort zu Ort fahren. 13 **Fernradwanderwege** auf 1700 km führen zu Kulturstädten wie Erfurt und Weimar. In den Thüringer **Nahverkehrszügen** können Fahrräder gratis mitgenommen werden. Es existiert ein breites Netz an **Ausleihstationen** für E-Bikes, Trekkingräder, Cityräder oder Kinderbikes.

■ www.radfahren-in-thueringen.info/de/radverleih

Außerdem können **Fähren** genutzt werden wie auf dem Hohenwartestausee. Z.B. unter www.cardelmar.com können **Mietwagen** für einen Thüringentrip gebucht werden. Auch **Carsharing** erfreut sich in Thüringen zunehmender Beliebtheit.

■ www.teilauto.net

In elf Gemeinden im Thüringer Wald können Übernachtungsgäste mit ihrer **Kurkarte** und dem darin enthaltenen **Rennsteig-Ticket** kostenfrei mit dem Bus und Sa, So auch den Rennsteig-Shuttle nutzen.

■ www.fahrtziel-natur.de

Zollbestimmungen

Reisende aus **Österreich** dürfen Waren abgabenfrei mit nach Hause nehmen, wenn diese für den privaten Gebrauch bestimmt sind. Bürger aus der **Schweiz** dürfen Waren im Wert von 300 SFr für den privaten Gebrauch mit zurück in die Heimat bringen. In beiden Fällen gelten jedoch Grenzmengen, die berücksichtigt werden müssen. Weitere Infos unter www.zoll.de, www.bmf.at/zoll und www.zoll.ch.

Die Geschichte Thüringens

721 Der Missionar Bonifatius missioniert in Thüringen und lässt den Vorläufer des Erfurter Doms errichten.

1067 Graf Ludwig der Springer gründet die Wartburg. Über die folgenden 200 Jahre steigen die Ludowinger zu den mächtigsten Herrschern im Heiligen Römischen Reich auf.

Der Reformator Martin Luther übersetzte die Bibel in Thüringen ins Deutsche

Anfang des 16. Jh. Martin Luther, der 1501 in Erfurt studierte und ab 1505 ins Augustinerkloster eintrat, aktivierte den Wandlungsprozess der Kirche – die Reformation.

1524/1525 In Thüringen kommt es zu Unruhen, der Bauernkrieg tobt. Einer der Anführer, der Mühlhausener Pfarrer Thomas Müntzer, wird nach der Schlacht vor den Toren der Stadt Bad Frankenhausen im Mai 1525 verraten, gefangen genommen und hingerichtet.

Mitte des 16. Jh. Das Land Thüringen entwickelt sich in den folgenden Jahren zu einem starken wirtschaftlichen Landstrich, dank des Blau-Färbemittels Waid. Der Handel blüht an der Handelsstraße Via Regia und macht Städte wie Erfurt, Gotha oder Arnstadt wohlhabend.

1597 Mit der ersten Glashütte in Lauscha beginnt die Glasveredelung. Unter dem Fürsten von Schwarzburg-Rudolstadt entstehen ab 1760 auch erste Porzellanmanufakturen in Thüringen.

1775 Mit der Ankunft des Genius Goethe im herzoglichen Weimar entwickelt sich die Stadt zu einem geistigen Zentrum in Deutschland.

1806 Die Doppelschlacht bei Jena und Auerstedt führt Napoleon zum Sieg über die preußischen Truppen. Während des Wartburgfests 1817 protestieren Studenten gegen deutsche Kleinstaaten und fordern einen Nationalstaat mit freiheitlicher Verfassung.

1919 Weimar wird Gründungsort der Weimarer Republik und ein Jahr später Hauptstadt des Landes Thüringen, in dem sich sieben Kleinstaaten zusammenschließen. Das preußische Erfurt gehört nicht dazu.

Nach dem Zweiten Weltkrieg Thüringen gehört zur DDR mit den Bezirksstädten Erfurt, Gera und Suhl.

1979 Das legendäre Treffen zwischen BRD Kanzler Willy Brandt und dem DDR-Ministerratsvorsitzenden Willi Stoph findet im Hotel Erfurter Hof statt. Mit der Deutschen Vereinigung wird der Freistaat Thüringen neu gegründet und Erfurt Landeshauptstadt.

2014 Nach jahrzehntelanger CDU-Regierung stellt Thüringen als erstes Bundesland einen Ministerpräsidenten der Partei Die Linke.

2022 Das Bündnis DIE LINKE, SPD und Bündnis 90/Die Grünen bilden die Thüringer Landesregierung.

Alle Blickpunkt-Themen in diesem Band:

Register

F

G

H

I

J

K

Bildnachweis

Titel: Wartburg in Eisenach
Foto: **shutterstock.com** (Circumnavigation)

Henry Czauderna: 73 – **dpa Picture-Alliance:** S. Kahnert 59; K. Hessland/euroluftbild.de 107; V. Heinz 144.1 – **Erlebnis Bergwerk Merkers:** 63.2 – **Gemeinfrei:** 11.1, 35, 136 – **Glow Images:** 94, 125 – **Huber Images:** A. Vitting 2/3; C. Dürr 3.1; Szyszka 39, 76, 98/99; R. Schmid 44/45 – **imago:** S. Bauerschmidt 11.2; VIADATA 13.2, 121; photo 2000 13.3; S. Schellhorn 97 – **Jahreszeiten Verlag:** A. Moser 4, 9, 27, 93.2, 104; W. Schmitz 6/7, 7.1, 7.2, 10.1, 12.1, 12.3, 14/15, 18/19, 24, 51.1, 51.3, 53, 54, 63.3, 70, 109.1, 130; P. Hirth 75.1, 89, 118; P. Koschel 10.2, 30/31, 36 – **laif:** F. Heuer 3.2; G. Lengler 17.1; C. Zahn 86 – **lookphotos:** H. & D. Zielske 2 – **mauritius images:** A. Vitting/imageBROKER 8, 75.2, 111, 112; Novarc 43; O. Gerhard/imageBROKER 63.1; K. F. Schöfmann/imageBROKER 67; U. Gernhoefer/United Archives 79; H. P. Szyszka/Novarc 84/85; P. Schickert/imageBROKER 114; F. Sommariva/imageBROKER 117 – **picture alliance:** M. Gamb 12.2; ZB 40; Dumont Bildarchiv 93.1; M. Schutt 93.3 – **seasons.agency:** Gourmet PictureGuide 88 – **Shutterstock.com:** nd3000 13.1; S-F 23; LaMiaFotografia 28; andongob 51.2; ricok 64; animaflora 103; ASonne30 109.2 – **stock.adobe.com:** Kalle Kolodziej 11.3; Henry Czauderna 56, 82, 144.2; schulzfoto 61; kamera7 107.3; Janni 109.3

Postfach 86 03 66, 81630 München

ADAC

Markenlizenz der ADAC Medien und Reise GmbH, München

ISBN 978-3-98645-046-5

1. Auflage 2023

Autorin: Bärbel Rechenbach
Redaktion: Juliane Helf, Susanne Kronester-Ritter
Lektorat: Rosemarie Elsner
Satz: Claudia Costanza
Bildredaktion: Dr. Nafsika Mylona
Reihengestaltung: Eva Stadler, München; Independent Medien Design, Horst Moser, München
Kartografie: Kunth Verlag GmbH & Co. KG, München, Huber Kartographie GmbH, www.kartographie.de
Herstellung: Felix Robitsch, Mendy Willerich
Druck und Bindung: Drukarnia Dimograf Sp z o.o. (Polen)

GRÄFE UND UNZER

Ein Unternehmen der
GANSKE VERLAGSGRUPPE

Wichtiger Hinweis
Die Daten und Fakten für dieses Werk wurden mit äußerster Sorgfalt recherchiert und geprüft. Wir weisen jedoch darauf hin, dass diese Angaben häufig Veränderungen unterworfen sind und inhaltliche Fehler oder Auslassungen nicht völlig auszuschließen sind, zumal zum Zeitpunkt der Drucklegung die Auswirkungen von Covid-19 auf das Hotel- und Gastgewerbe vor Ort noch nicht vollständig abzusehen waren. Für eventuelle Fehler oder Auslassungen können Gräfe und Unzer, die ADAC Medien und Reise GmbH sowie deren Mitarbeiter und die Autoren keinerlei Verpflichtung und Haftung übernehmen. Alle Inhalte im Buch wenden sich an und gelten für alle Geschlechter (w/m/d). Soweit grammatikalisch männliche, weibliche oder neutrale Personenbezeichnungen verwendet werden, dient dies allein der besseren Lesbarkeit.

Ansprechpartner für den Anzeigenverkauf:
KV Kommunalverlag GmbH & Co. KG, Media-Center München, Tel. 089/928 09 60

Bei Interesse an maßgeschneiderten B2B-Produkten:
b2b-kontakt@graefe-und-unzer.de

Leserservice
GRÄFE UND UNZER Verlag
Grillparzerstraße 12
81675 München
www.graefe-und-unzer.de

Umwelthinweis
Nachhaltigkeit ist uns sehr wichtig. Der Rohstoff Papier ist in der Buchproduktion hierfür von entscheidender Bedeutung. Daher ist dieses Buch auf PEFC-zertifiziertem Papier gedruckt. PEFC garantiert, dass ökologische, soziale und ökonomische Aspekte in der Verarbeitungskette unabhängig überwacht werden und lückenlos nachvollziehbar sind.

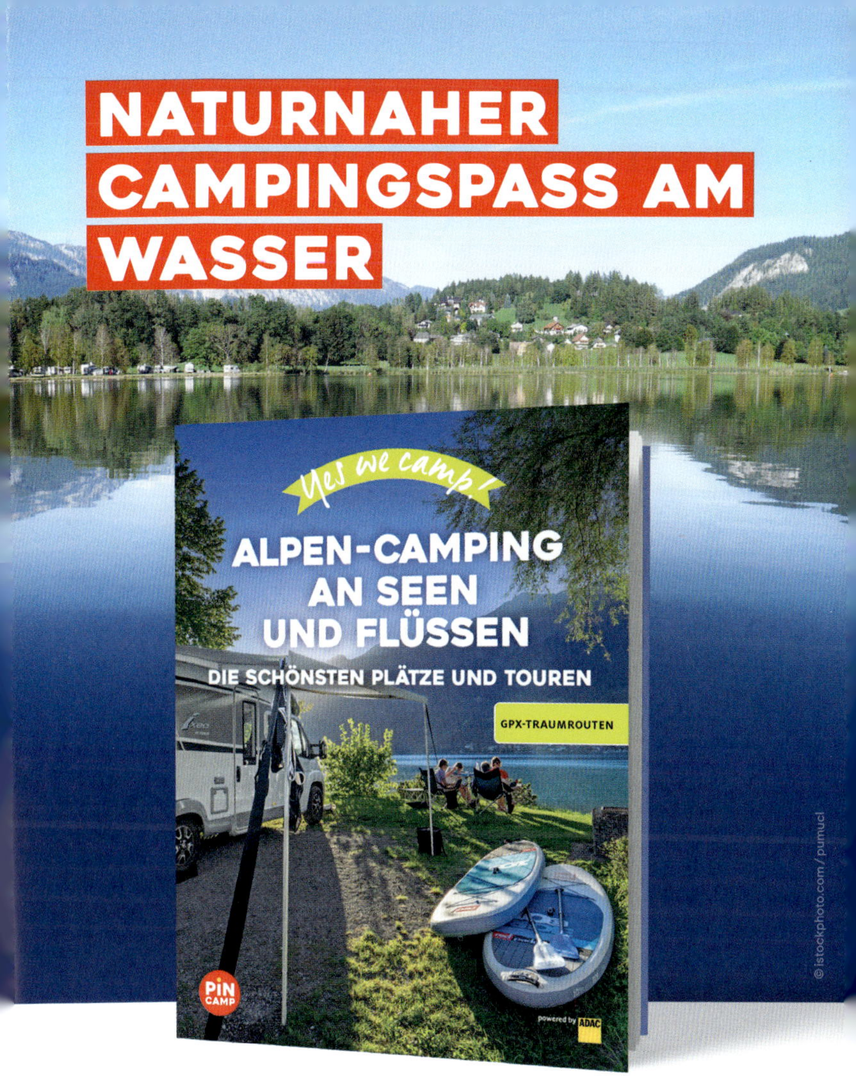
NATURNAHER
CAMPINGSPASS AM
WASSER
Yes we camp!
ALPEN-CAMPING
AN SEEN
UND FLÜSSEN
DIE SCHÖNSTEN PLÄTZE UND TOUREN
GPX-TRAUMROUTEN
PiN CAMP
powered by ADAC
© istockphoto.com / pumucl

Unterwegs in Thüringen

Einzige Autofähre

Die einzige Autofähre Thüringens fährt am Hohenwartestausee. Sie überbrückt 400 m Entfernung in nur 5 Min. von Altenroth nach Linkenmühle und erspart einen Umweg von 33 km.

Mit Pkw oder Wohnmobil im Thüringer Wald

Die 450 km lange Naturpark-Route von Hörschel bei Eisenach nach Saalfeld bietet mehr als 120 Attraktionen, die an allen Kreuzungen ausgeschildert sind. Zahlreiche Stellplätze für Pkw und Wohnmobile gibt es direkt an der Route (mit Entsorgungsservice).

■ Details unter www.thueringer-wald.com

Mit dem Schiff zur Staumauer

Mehrmals täglich bringen zwei Schiffslinien auf dem Bleilochsee Touristen zur 65 m hohen Bleiloch-Staumauer oder in Richtung Saaldorf zum fast senkrecht emporsteigenden Totenfelsen. Ausflugsboote starten in Saalburg-Ebersdorf.

■ Details unter www.saalburg.de

Sicherster Tunnel

Der 8 km lange Rennsteigtunnel auf der A 71 ist nicht nur der längste Straßentunnel Deutschlands, sondern auch laut ADAC der sicherste Europas: Alle 150 m gibt es eine geschlossene Notrufkabine mit Kamera und Handfeuerlöscher, alle 300 m Brandschutztüren sowie alle 600 m Pannenbuchten. Sensoren überwachen die Fahrtrichtung bei Einfahrt in den Tunnel zur Vorbeugung gegen Falschfahrer. Er liefert zudem besondere »Souvenirs« von zwei stationären Blitzanlagen pro Fahrtrichtung auf der gesamten Tempostrecke 80. Auch zu- und abführende Streckenteile sind gespickt mit Blitzanlagen.

Reisen in Corona-Zeiten

Liebe Leserin, lieber Leser, durch die langen pandemiebedingten Einschränkungen im Hotel- und Gastronomiegewerbe können wir nicht ausschließen, dass einige der im Buch empfohlenen Adressen zum Zeitpunkt Ihrer Reise nicht mehr aktuell sind. Wenn Sie trotz unserer Bemühungen um Aktualität eine solche Adresse finden, teilen Sie uns diese bitte mit. Wir belohnen jede in die nächste Auflage aufgenommene Korrektur mit **einem kostenlosen Reiseführer Ihrer Wahl**. Zuschriften bitte an: adac@graefe-und-unzer.de